Joachim Raeder

Die

HOHLBRATZE

Joachim Raeder

Die

HOHLBRATZE

Impressum

www.joachim-raeder.de

joachim.raeder@gmail.com

Für Links und alles andere, was ich nicht verschuldet habe, übernehme ich keinerlei Verantwortung!

Inhalt	Seite

„In der Politik ist Dummheit kein Handicap!“

Napoleon I. Bonaparte

Kampf den Hohlbratzen!

Vielleicht gehörst Du zu den nur noch in Restbeständen existierenden kritischen Bürgern, die entsetzt den Kopf über anscheinend irrsinnige Entwicklungen in Deiner Heimat schütteln?

Dann bist Du der richtige Leser für dieses Buch!

Wir „mündigen Bürger“ haben die dringende Aufgabe, die offensichtlich aus dem Ruder laufenden irrsinnigen Tendenzen der gegenwärtigen Politik anzuprangern und umzukehren.

Denn obwohl Deutschland in vielen Bereichen schwerste Probleme hat, werden diese öffentlich kaum, und wenn, dann nur in „politisch-korrekter“ Auslegung, angesprochen.

Das muss sich dringend ändern!

Staatsschulden haben sich längst in einer Höhe angesammelt, die selbst dann nicht zurückgezahlt werden können, wenn NOCH höhere Steuern erhoben werden sollten.

Es ist sehr optimistisch, anzunehmen, dass die kommenden Rentnergenerationen noch einen gemütlichen Lebensabend erleben werden. Schon heute sammeln einige von ihnen nach einem arbeitsreichen Leben Pfandflaschen aus Mülleimern, um etwas besser über die Runden zu kommen.

Eine relativ aktuelle Zeitungsmeldung eröffnete uns gerade, dass der Arbeitnehmer heute im Durchschnitt erst nach 31 langen produktiven Jahren einen Rentenanspruch erarbeitet hat, der auf Hartz-IV-Niveau liegt.

Jahrzehnte Deines Lebens, in denen Du auch für die Gemeinschaft Leistung erbracht hast, werden Dir mit einem Almosen gedankt. Das hat nichts mit einem sozialen

Staatswesen zu tun. Selbst als Arbeitnehmer erhältst Du in vielen Bereichen nicht nennenswert mehr Geld, als wenn Du ausschließlich Sozialleistungen beziehen würdest. Vielen muss ihr armseliges Gehalt noch vom Staat aufgestockt werden, damit sie existieren können.

Ist es da verwunderlich, dass immer mehr Leute „Schwarzarbeit“ leisten?

Schließlich muss man heute mehrere Stunden selbst arbeiten, um eine Handwerkerstunde mit Steuern und Abgaben bezahlen zu können.

Erscheint Dir das noch normal?

Landest Du später in einem Pflegeheim, erhältst Du nach einem arbeitsreichen Leben nur noch ein kleines „Taschengeld“, da selbst eine relativ hohe Rente die Finanzierung nicht decken kann. Den Rest müssen dann Deine unterhaltspflichtigen Kinder bestreiten - oder der Staat (also WIR).

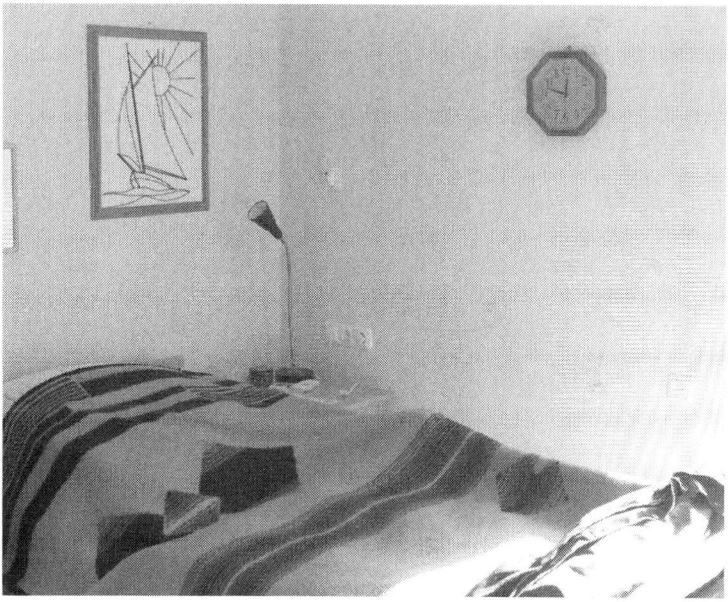

Foto: Pflegebett im Heim (Doppelzimmer) meiner Mutter.
Kosten ca. 2800 € / Monat (Pflegestufe III)

Auch Folgendes kann kaum noch als normal bezeichnet werden:

Seit 1965 haben sich die Geburtenzahlen in Deutschland halbiert. Damals wurde für jedes 75. Kind unter sieben Jahren ein Sozialhilfebezug nötig, heute ist jedes fünfte Kind betroffen.
Es gibt viel weniger Kinder, aber immer mehr sind schon „junge Sozialfälle“!
Da dürfte doch wohl einiges faul sein, und das alles bedeutet für unsere Zukunft nichts Gutes.

Die Steuer- und Abgabenlast wird für uns immer höher, besonders, wenn wir Arbeit haben.
Aber auch ohne „Job“ ist es nicht besser:

„Hartz-IV“-Empfänger verzweifeln in ihrem täglichen Kampf mit „Jobcentern“, die längst nur noch Verwalter ihres Elends sind, statt ihnen echte berufliche Perspektiven aufzuzeigen.
Bei Problemen können sie sich dann von einem Callcenter „betreuen“ lassen, denn ihr Sachbearbeiter ist wegen Überlastung selten direkt für sie erreichbar.

Trotzdem wird die für uns alle existenzbedrohende Lage nicht entsprechend thematisiert, sondern von der Kanzlerin schön geredet, die davon schwärmt, dass der Deutsche ein Durchschnittseinkommen von 3000 € hätte und ihre Politik nur von Erfolgen gekennzeichnet sei.

Statistiken sagen aber oft nicht viel über die Realität aus. Das weiß natürlich auch die Kanzlerin, die als FDJ-Girl sicher verfolgen konnte, wie es in der DDR statistisch gesehen immer weiter aufwärts ging - bis zum Zusammenbruch.
So war Frau Merkel selbst vom (öffentlich-rechtlichen) ZDF zur „beliebtesten Frau Deutschlands“ gewählt worden. Auch diese „Statistik“ stellte sich dann als Fälschung heraus. Peinlich, peinlich!

Wenn Du mit offenen Augen durch die Straßen gehst,

siehst Du die Realität besser als mit dem Blick auf statistische Datenblätter. Es sieht übel aus.

Für das Versagen der Verantwortlichen in dieser „Titanic“-Situation gibt es keine Entschuldigung, denn der „Eisberg“, an dem das Schiff zerschellen wird, ist längst nicht mehr zu übersehen.

Es hat sogar den Anschein, als würde das Schiff von einer völlig betrunkenen Crew vorsätzlich weiter beschleunigt, statt die Maschinen zu stoppen, die Rettungsboote klar zu machen und den Kurs umgehend zu korrigieren.

Und wie in einem Größenwahn, der einen nicht mehr vorhandenen Einfluß annimmt, erklären sich diese „Schiffsoffiziere“ auch noch bereit, schon leck geschlagene ANDERE Schiffe (Staaten) vor ihrer Vernichtung zu „retten“.

So wird trotz der drohenden Katastrophe großzügig der eigene „Restproviant“ für diese Schiffe abgeworfen und dadurch zusätzlich angelockte, völlig überbelegte Windjammer, aus dem Mittelmeer kommend, nehmen Kurs auf die „Titanic“, um ihre Besatzung dort am kalten Buffet zu versorgen.

Dass es sich bei den aufgenommenen Neu-Passagieren teilweise um in Not geratene Piraten handelt, die nicht ganz in die Lebenswelt der „Titanic“-Passagiere passen, wird genauso ignoriert, wie der immer näher heranrückende Eisberg.

Die Piratenpopulation an Bord wird auf diese Weise beständig größer. Aber auch die Gefahr einer Übernahme des Schiffes durch die schlecht sozialisierten neuen Passagiere wird erfolgreich ausgeblendet. Vielleicht ist das in der ohnehin stark angespannten Lage auch gar nicht mehr wichtig.

Obwohl die Piraten nicht tanzen, versuchen die an Bord befindlichen Tanzlehrer sie immer wieder zu Kursen zu überreden, die aber dennoch nur selten gebucht werden. Die Devise an Bord der „Titanic“ lautet:

„The show must go on!“

Der Klavierspieler spielt weiter, und die meisten der zahlenden Passagiere tanzen, anstatt sich zu retten.

Diese Tänzer sind die Hohlbratzen unserer Republik.
Und: Die Tanzfläche wird immer voller!

Nun fragst Du Dich sicher: „Was, zum Poseidon, sind eigentlich Hohlbratzen?“

Der Duden (26. Auflage, 2013) hilft uns nicht unbedingt weiter. Der Begriff wird nicht aufgeführt.
Wir finden dort nur eine ähnlich lautendes Wort:

Hohl|kopf (dummer Mensch)

Das trifft es aber nicht ganz, denn unter den „gemeinen Hohlbratzen“ befinden sich durchaus viele denkende Menschen.
Hohlbratzen sind nicht zwangsläufig Hohlköpfe, sondern eher Menschen, die sich aus Bequemlichkeit, durch Ablenkung, der Annahme eigener Machtlosigkeit oder im Vertrauen auf die Fähigkeit der Staatsführung zurücklehnen.
Die Hohlbratze denkt, aber oft wird ihr das Thema einfach zu komplex und unbequem. Deshalb wird sie faul, schaltet den öffentlich-rechtlichen Fernsehkanal an, der sie ablenkt und beruhigt.

Sie leidet unter dem „inneren Schweinehund“. Es ist wie bei Abnehmwilligen, die nicht durchhalten. Jeder Dicke weiß, dass er selbst die Ursache des Problems ist, aber er hat immer gute Ausreden bereit, die ihn entschuldigen.
Die Hohlbratze verhält sich wie ein Sportler, der niemals sein Ziel erreichen kann, weil ihn der „innere Schweinehund“ vom Training abhält. Nur dass sein „innerer Schweinehund“ die geistige Ebene unter Kontrolle hält.

So wird eine Hohlbratze nie ihr Ziel des freien Denkens erreichen, weil sie keine Lust hat, sich mit zu vielen Gegenargumenten abzuquälen. Lieber bleibt sie in ihrem falschen Denkmuster, scheinbar recht intellektuell, in Wirklichkeit aber innerlich hohl.

Genau dieses passive Verhalten von „Hohlbratzen" werden wir jedoch bitter bereuen, wenn die „Titanic" am Eisblock zerschellen wird!

Demokratie und Freiheit können in Verfassungen „garantiert" sein, aber ohne Dich und mich, mündige und freie Bürger, hat das alles keine Bedeutung.

Die Bezeichnung als demokratische (Volks-)Republik macht einen Staat, wie wir aus eigener Erfahrung wissen sollten, noch lange nicht zur Demokratie.

Viele Politiker treten seit langem nicht mehr für UNSERE Interessen ein – warum sollten sie auch?

Es erfolgt viel zu selten eine für sie spürbare Reaktion der Bürger auf politische Fehler.

Und wenn dann doch einmal ein zögerlicher „Pegida"-Spaziergang stattfindet, werden die Teilnehmer sogleich von „gesellschaftlich relevanten Gruppen" (das sind die Verursacher der Probleme!) zurückgepfiffen oder denunziert.

Notfalls werden sogar Extremisten geduldet, um die Bürger wieder in die „politisch-korrekten" Schranken zu weisen.

Warum sollte sich die Politik bewegen?

Etablierte Parteien, die den Staat „an die Wand gefahren" haben, werden weiterhin gewählt, und eine immer größer werdende Zahl der Wahlberechtigten bleibt einfach zu Hause, wenn Wahltag ist.

Hoffentlich gehörst Du nicht dazu? Denn Wahlverweigerer stören die Politik nicht!

Aber Wahlverweigerer hätten es in der Hand, die „Titanic" sofort in eine andere Richtung zu steuern!

Aber einige Hohlbratzen machen sich sogar einen „Jux“ aus Wahlen und machen ihr Kreuz „aus Protest“ bei „Spaßparteien“, die ohne seriöses Programm antreten. Politik ist aber kein „Jux“! Schlechte Politik betrifft uns alle, und auch Du wirst die Folgen weiterhin ausbaden müssen, wenn wir unseren „Kapitänen“ immer wieder einen Freifahrtschein ausstellen.

NEIN! Es ist KEIN Schicksal, dass Rentner nach einem arbeitsreichen Leben in Mülleimern nach Pfandflaschen suchen. Es ist die Folge einer falschen Politik!

NEIN! Es ist NICHT normal, wenn sich Politiker wagen, uns trotz dieser aussichtslosen Zukunft immer längere Lebensarbeitszeiten zu verordnen, während sich gleichzeitig Jugendliche ohne Perspektive den ganzen Tag vor Computerspielen der Lebenswirklichkeit entziehen und sich auf eine dauerhafte „Hartz-IV-Karriere“ einstellen.

Zeitgleich zu diesen gesellschaftlichen Skandalen erhöhen sich die dafür verantwortlichen Politiker ohne Scham die Diäten und verteidigen ihre ungerechtfertigte Selbstbereicherung mit Vergleichen zu Managergehältern in der freien Wirtschaft.

Sie vergessen dabei allzu gerne, dass Manager ihrer Firma meist nutzen und aus der daraus erfolgten Wertschöpfung bezahlt werden. Manager werden auch kontrolliert und bei Versagen entlassen. Deswegen müssen sie Ecken und Kanten haben.

„Unsere“ Politiker haben sich aber immer mehr unserer Kontrolle entzogen.

Nur in öffentlichen Reden betonen sie noch unsere verfassungsmäßige Rolle als Souverän (Machthaber).

Objektiv betrachtet scheinen sie immer profilloser und „stromlinienförmiger“ zu werden, fast schon „gleichgeschaltet“ wie in der ehemaligen DDR.

Welchen Nutzen hast Du noch von dieser (immer teurer werdenen) Population unserer Parlamente?

Kann es sein, dass es einen Zusammenhang zwischen

einer wachsenden Zahl von Hohlbratzen und unfähigen Politikern gibt?

Wo siehst Du heute noch markige Positionierungen in der Politik? Fehlanzeige! Fast alle verschwinden im politischen „Mainstream“. Kritik ist unerwünscht und stört die Party. Wer eine abweichende Meinung vertritt, wird kaltgestellt und hat keine Chance auf einen der begehrten vorderen Listenplätze seiner Partei.

Es ist eine bedrohliche Entwicklung, die von freier Meinungsäußerung zur „political correctness“ geführt hat.

„Man“ sagt nur noch, was als Meinung von der Politik als „hilfreich“ anerkannt wird. Was ein „hilfreicher“ Beitrag ist, definiert für Dich im Zweifelsfall Deine Kanzlerin „Muddi“ oder der Bundespräsident.

Foto: Ist das Buch hilfreich? Hohlbratzen lassen das von „Muddi“ entscheiden, statt selbst zu denken.

Dieser imaginäre Maulkorb lähmt notwendige Diskussionen über offensichtliche Fehlentwicklungen und ist zutiefst demokratiefeindlich.

Unterstützt wird das alles durch die (abhängigen) „Qualitätsmedien“, die dann sogar im Unterhaltungsprogramm des Fernsehens offen oder leicht getarnt Wahlempfehlungen für Dich aussprechen.
Wenn Du etwas sensibel für derartige Manipulationen bist, wird Du diese sogar bei Sendungen der „Lindenstraße“ oder des „Tatort“ schnell entdecken können. Denk` nur mal an die staatlichen Projekte „Frauenförderung“ und „Toleranz“.
Werden Frauen nicht immer als cool und immer mindestens in allen Lebensbereichen so gut wie Männer dargestellt?
Wie oft siehst du Schwule, Lesben und „Sonstige“ wie z.B. Conchita Wurst in der Realität?
Im Fernsehen siehst Du sie jedenfalls ständig.

Um es auf den Punkt zu bringen:

Es ist höchste Zeit für Dich und mich, täglich kritisches Denken zu üben - und den Maulkorb abzulegen!

Sei keine Hohlbratze -
aber erkenne sie rechtzeitig!

Das ist die einzige Chance, unsere „Titanic“ vor dem Eisblock zu retten!

Dieses Buch wird Dir sehr nützlich sein, um Hohlbratzen schnell zu identifizieren.

Nimm aber nicht alles ganz ernst.

„Neid ist die frevlerische Sorge um das Wohl deines Nachbarn."

Ferninand Lassalle (deutscher Mitbegründer der Sozialdemokratie)

Neid -

Antrieb für die Hohlbratze

Aufgrund ihres manchmal geistig beschränkten Horizontes können einige Hohlbratzen für die Gemeinschaft oft relativ wenig leisten, und daher fehlt es ihr oft an Ansehen.

Du erkennst sie leicht an ihrer Einstellung, neidisch auf die Erfolgreichen („die da oben") zu blicken, denen sie GRUNDSÄTZLICH unterstellt, dass sie UNVERDIENT in eine höhere gesellschaftliche Stellung gelangt sind.

Bist Du Leistungsträger, betrachtet sie Dich nicht nur mit großer Skepsis, sondern sie findet es in jedem Falle ungerecht, wenn Du Dir ein besseres Leben aufgebaut hast als sie selbst.

Sie unternimmt aber selten eigenen Anstrengungen, um ihre Lage zu verbessern und sieht sich als Opfer einer ungerechten Gesellschaft oder des Schicksals.

Frage sie doch mal nach einer Lösungsmöglichkeit für ihre Probleme. Sie wird sie darin sehen, alle vorhandenen Mittel "gerecht" zu verteilen. Wer diese Mittel für die Gemeinschaft erzeugt und erarbeitet hat, darf nach ihrer Ansicht keine Rolle spielen.

Hohlbratzen werden Dir immer Beifall spenden, wenn Du Gerechtigkeit durch „gleichmachende" Modelle forderst!

Sie sind es, die den Wegfall von Schulnoten, die Ermöglichung eines Studiums für alle, ein Verbot negativer Arbeitszeugnisse, Einführung von Einheitstarifen oder das „Recht auf ein bedingungsloses Grundeinkommen" fordern.

Sie sind geistig nicht in der Lage, die einfache Tatsache zu erfassen, dass die "vorhandenen Mittel" erst geschaffen werden müssen und auch Du Dich lieber in die Hängematte legen möchtest, statt die Früchte Deiner Arbeit „Nichtsnutzen“ zu schenken.

Das ist zwar logisch, aber trotzdem wirst auch Du erkannt haben: Hohlbratzen vermehren sich sowohl in der Politik, als auch in der Wählerschaft beständig.

Denn die politischen Parteien fördern die ohnehin massenhaft vorhandenen Hohlbratzen nur zu gern.

Ich erinnere mich noch an zwei direkt nebeneinander hängende Wahlplakate der Linken mit den sinngemäßen Aufschriften:

„Reichtum für alle!“

und

„Reichtum höher versteuern!“

Die Politik braucht Hohlbratzen nicht nur als Wähler, sondern bietet ihnen ungeahnte Aufstiegsmöglichkeiten. Denn hier ist in erster Linie der folgsame Parteisoldat gefragt, der unkritisch im Block für seine Partei abstimmt.

Zuverlässige Gefolgsleute braucht jede Partei und Hohlbratzen zeigen sich dankbar. Sie neigen dazu, der Masse mangels eigener Denkfähigkeit stets zu folgen. Diese unkritischen „Follower“ bieten der Parteiführung eine hohe Sicherheit. Deshalb lässt man sie auch gerne mal vor Wahlen auf vordere Listenplätze aufsteigen.

Wundert es Dich noch, dass sich die aktuelle Politik durch immer mehr Hohlbratz-Projekte auszeichnet, die einer Gesellschaft auf Dauer den Todesstoß verpassen werden?

„Nomen est omen“ („Der Name ist ein Zeichen“)

Lateinische Redensart

Exklusive Namen für Hohlbratzen

Hohlbratzen haben naturgemäß in fast allen Lebensbereichen Probleme mit ihren Mitmenschen, denen sie zu Unrecht die Schuld dafür geben. Sie rächen sich oft bitter und hinterhältig. So auch im Bereich der Namensgebung.

Dort bringt die Hohlbratze Dich und andere sozial eingestellte Menschen wie Kindergärtnerinnen und Lehrer mit der Wahl unaussprechlich fremder, mystisch klingender (Doppel-)Vornamen ihres Nachwuchses schier zur Verzweiflung.

Selbst wehrhafteste Standesbeamte haben keine Chance gegen diesen aktuellen Trend, der den betroffenen Nachwuchs und die mit ihm befasste Menschheit lebenslang quälen wird.

Und auch sie selbst nutzt die gesetzlichen zulässigen Möglichkeiten voll aus, um einen unaussprechbaren Doppelnamen anzunehmen.

Man meint in manchen Fällen, dass die Wahl des Ehepartners von der Möglichkeit bestimmt wurde, einen möglichst irren Doppelnamen erhalten zu können.

Ein möglichst kompliziert-schwieriger Name scheint Garant für ihre gesellschaftliche Bedeutung zu sein, sozusagen der Adels- oder zumindest Doktortitel der Hohlbratze. Nun kann niemand etwas für seinen Vornamen, aber trotzdem muss man unter ihm leiden, denn der hohlbratzige Entschluss der Eltern wirft kein positives Bild auf den Nachwuchs, weil doch allen bekannt ist:

„Der Apfel fällt nicht weit vom Stamm!“

Wir wünschen der Nachwuchs-Hohlbratze trotzdem alles Gute auf ihrem weiteren Leidens- äh... Lebensweg!

„Alle Ordnung ist für den einzelnen Freiheitsbeschränkung.“

Friedrich Paulsen, deutscher Philosoph

Die Hohlbratze liebt die Ordnung

Hohlbratzen finden die Ahndung von Gesetzesverstößen IMMER in Ordnung (soweit es sie nicht selbst betrifft).

Vorschriften erleichtern ihr das Leben und geben ihr eine Richtschnur für ihr sonst konfuses Leben.

Nehmen wir einmal Geschwindigkeitskontrollen.
Vielleicht bist Du selbst schon einmal in eine „Radarfalle“ geraten?
Sie werden oft an Stellen eingerichtet, die gefahrlos schneller durchfahren werden können, als es erlaubt ist.

Genau an diesen Stellen wird oft kontrolliert, weil dort die meisten Fahrer erwischt werden, nicht, weil die Verkehrssicherheit das unbedingt an dieser Stelle erforderlich macht.
Möglicherweise hat es Dich an solch einer gut ausgebauten Straßenstelle erwischt, statt bei Schulschluss vor einer Schule.

Dann fragst Du Dich vielleicht: „Was soll das?“

Hohlbratzen sind anders!
Sie denken nicht viel darüber nach, ob eine Vorschrift gerechtfertigt ist oder nicht. Sie kennen nur den Standardsatz: „Die hätten sich ja an die Vorschrift halten können, dann bräuchten sie kein Bußgeld zahlen.“

Kritisches Denken ist ihnen völlig fremd.
Wenn der Staat das Atmen verbieten würde, würden einige von ihnen sicherlich verenden müssen.

Hohlbratzen sind Ursache des beständig wachsenden Schilderwaldes.

Warum sind trotz immer höherer Anforderungen an die Führerscheinprüfung dennoch an fast jeder Einmündung Ampeln installiert?

Weil Hohlbratzen aufgrund ihrer mangelhaften Konzentrationsfähigkeit an fast jeder Stelle des öffentlichen Verkehrsraumes eine Gefahr für andere darstellen!

Kommt es dann zu einem Unfall, wird die Straßenverkehrsbehörde tätig und bringt durch Schilder und Ampeln den Verkehr zum Erliegen, um andere Hohlbratzen vor ihresgleichen zu schützen.

Hohlbratzen haben eben, im Gegensatz zum mündigen Bürger, ein Urvertrauen in Autoritäten und staatliche Stellen.

Sie glauben auch, dass sie durch ihre Tageszeitung, die Tagesschau und andere Medien immer seriös und neutral informiert werden.

Schließlich steht im Zeitungskopf das Wort "unabhängig" fett gedruckt direkt unter dem Namen des Presseerzeugnisses.

Du weißt, dieses Wort stand dort schon, als die Zeitung von den Alliierten kontrolliert wurde. Heute steht es dort, obwohl viele Zeitungen von Parteistiftungen abhängig sind.

Hohlbratzen machen sich keine Gedanken darüber, dass die Politik über Rundfunk-Aufsichtsräte direkten Einfluss auf die Berichterstattung haben könnte.

Auch wenn sie erfahren, dass ihre Tageszeitung eventuell von Parteien, anderen "Sponsoren" und Geldgebern aus der Wirtschafts- und Werbeindustrie kräftig unterstützt wird, können sich Hohlbratzen nicht vorstellen, dass die großzügigen Geldgeber möglicherweise von der Presse eine Gegenleistung in Form manipulierender Berichterstattung erhalten.

Nein, was in der Zeitung steht, hat für sie Hand und Fuß, und sie plappern es gelehrig bei Diskussionen nach.

Einige von ihnen sollen auch die Meinung vertreten, dass Käpt`n Iglu die Fischstäbchen direkt aus dem Meer fischt.

Der öffentliche Rundfunk ist für Hohlbratzen als quasi staatliche Organisation ohnehin unangreifbar und die Videos und Bilder im Fernsehen sprechen ja für sich.

Sie haben nichts davon gehört, dass nach aktuellen Untersuchungen viele Journalisten ihren Job nicht nur ausüben, um den Leser zu informieren, sondern um ihre politische Überzeugung zu verbreiten. Und diese Überzeugung ist heute meist die „politische Korrektheit".

Während Du Dich beispielsweise mit den Thesen der Pegida-Demonstrationen geistig auseinandersetzt und Dir vielleicht mal eine Live-Übertragung im Internet anschaust, um Dir ein neutrales Bild zu verschaffen, reicht es der Hohlbratze völlig, wenn die Presse ihr mitteilt, dass diese Demonstration „rassistische Vorurteile" und Ausländerhass schüre. Dazu vielleicht noch ein Bild eines Typen mit Bomberjacke in Großaufnahme. Schon sind damit alle Teilnehmer charakterisiert und die Hohlbratze verurteilt jeden Teilnehmer aufs Schärfste.
Vor den Demos wird dann (von an sich zur Neutralität verpflichteten) Amts-Hohlbratzen die öffentliche Beleuchtung zur weiteren Verdunkelung des Sachverhaltes gelöscht.

Auch wenn "Muddi" verkündet, dass ein gewisses Buch eines "Populisten" "nicht hilfreich" sei, dann lesen sie es lieber erst gar nicht. Sie machen es eben wie „Muddi" selbst, die es auch beurteilte, ohne den Inhalt zu kennen.

„Es kann nicht alles ganz richtig sein in der Welt, weil die Menschen noch mit Betrügereien regiert werden müssen.“

Georg Christoph Lichtenberg

Nebelbomben für Hohlbratzen

Wenn Du täglich die Nachrichten der „Tagesschau“ siehst und dazu noch einen Blick in die Zeitung wirfst, hältst Du Dich gemeinhin für gut informiert.
„Eine Zensur findet nicht statt“, verspricht uns ja auch das Grundgesetz in Artikel 5.

Der „Qualitätsjournalismus“ feiert sich selbst für seine unabhängige Berichterstattung, und meinungsbildende Organe wie der SPIEGEL nennen sich nicht gerade selbstkritisch gar „Sturmgeschütz der Demokratie“.

Wenn das alles so wäre, gäbe es heute sicherlich nicht den Begriff der „political correctness“. Die politische Korrektheit zündet nämlich täglich ihre Nebelbomben über politischen Kampffeldern, um anschließend die „Wirklichkeit“ selbst definieren zu können.

Eine Zeitung, die alternativ berichtet (und deshalb auch lange Zeit „geächtet“ war), ist die „Junge Freiheit“, die in ihrem Werbespruch glänzend die heutige Berichterstattung der „Mainstream-Medien“ zusammenfasst:

„Wo alle einer Meinung sind, wird meist gelogen!“

Es wird aber meist nicht offen gelogen, sondern eher durch Weglassen von Fakten und Um-Gewichtung von Erkenntnissen agiert. Denn es ist heute schwer geworden, zu lügen: Über das Internet ist heute (noch) jeder in der Lage, sich ein genaueres Bild der Realität zu verschaffen.

Es werden also kaum falsche Informationen präsentiert, sondern die Auswahl macht es – und die anschließende „Aufarbeitung" für den Zuhörer oder Leser.
Diese entspricht natürlich immer dem politischen Zeitgeist.
Man sollte nach Lesen von Art. 5 GG der Meinung sein, dass in Deutschland zumindest über alle Tatsachen ohne Einschränkung berichtet wird.
Das ist aber nicht einmal in wirklich relevanten Bereichen, wie beispielsweise der „Inneren Sicherheit" so.

Eine Regelung des „Deutschen Presserates" (wozu benötigt man so eine Institution?) besagt:

Richtlinie 12.1 – Berichterstattung über Straftaten

In der Berichterstattung über Straftaten wird die Zugehörigkeit der Verdächtigen oder Täter zu religiösen, ethnischen oder anderen Minderheiten nur dann erwähnt, wenn für das Verständnis des berichteten Vorgangs ein begründbarer Sachbezug besteht.
Besonders ist zu beachten, dass die Erwähnung Vorurteile gegenüber Minderheiten schüren könnte.

Eine solche „Richtlinie" hat tatsächlich bewirkt, dass in der Presse praktisch nichts mehr zu finden ist, was auf eine überproportionale Straftatenbegehung gewisser Nationalitäten hindeutet.

Eine klassische Zensur-Nebelbombe, denn in der „Polizeilichen Kriminalitätsstatistik" sieht man, dass es deutliche „Problemnationen" in dieser Hinsicht gibt.
Inwieweit eine Benennung der Realität Vor(?)urteile schüren kann, erschließt sich nicht richtig.
Die Presse ist jedenfalls in dieser Hinsicht der Meinung, der Bürger sollte so etwas lieber nicht wissen.

Und so wundern wir uns täglich über die ansteigende Zahl der Berichte, die uns als Täter nur „Jugendliche", „Heranwachsende", oder „rivalisierende Gruppen" präsentieren und können uns kaum erklären, warum es immer mehr Messerstechereien und Familienstreitigkeiten gibt. Nur selten einmal kommt ein Täter dann aus „Südland", wo immer das auch liegen mag.

Das war nur ein Beispiel, wie die „Zensur durch Weglassen" erfolgt.

Eine Studie der FU Berlin über Politikjournalisten gibt in dieser Hinsicht zu denken.

Danach sind fast 50% aller Journalisten politisch sehr „linkslastig", ein Drittel möchte durch die politische Tagesordnung beeinflussen und 25% dem Leser die eigene Ansicht vermitteln. Übrigens werden 70% der Artikel in den Chefetagen „gegengelesen".

Während man auf der einen Seite Straftaten durch Richtlinien „verdunkelt", weiß man auf der anderen Seite offensichtlich ganz genau Bescheid. Nämlich immer dann, wenn es um den „Kampf gegen Rechts" geht.

Gerhard Schröder leitete diesen „Kampf" ein, der vom Begriff her konservative Politik mit einschloss. Eine weitere Nebelbombe, denn hier wird zunächst suggeriert, dass „rechte" Politik mit „Rechtsextremismus" im Zusammenhang stünde. Zum zweiten wird der „linke Anteil" des NationalSOZIALISMUS ignoriert.
Hohlbratzen lassen sich dadurch beirren – und wissen genau, auf welcher Seite sie zu kämpfen haben!

Aus der geschichtlichen Sicht ist natürlich erklärlich, dass „fremdenfeindliche Straftaten" genauestens beleuchtet und möglichst aufgeklärt werden müssen.
Aber während man bei „Minderheiten-Kriminalität" jedes „Vor"urteil vermeiden möchte, wird bei vermuteten „rechtsextremistischen Taten" kaum Rücksicht auf die geltende „Unschuldsvermutung" genommen.

Jeder Anhaltspunkt für eine möglicherweise rechtsextreme Straftat wird fast zur Tatsache erhoben. Die Nebelbombe des angeblich überall „latent vorhandenen" Rechtsextremismus in der deutschen Gesellschaft wird gezündet.

Bis heute hält sich das Gerücht, dass der Brand in der Lübecker Hafenstraße von Rechtsextremisten gelegt wurde. Obwohl es auch andere Erklärungen für den Brandausbruch gibt, wurde der Brand politisch immer (unbewiesen) den „Rechten" untergeschoben.

Ganz spektakulär ist auch die Berichterstattung über den „Nationalsozialistischen Untergrund" (NSU), der als terroristische Vereinigung angesehen wird.

Niemand zweifelt öffentlich daran, dass nur rechtsextremer „Ausländerhass" das Motiv sein kann. Das schien schon vor Aufnahme der Ermittlungen so – und wird bis heute angenommen.

Ob die Sache wirklich so eindeutig ist?

Da fährt also eine Gruppe von Rechtsextremen quer durch Deutschland, mal ein paar hundert Kilometer dorthin, mal ganz woanders hin, um irgendeinen türkischen Gemüsehändler umzubringen?

Und oft sind zeitgleich Geheimdienstmitarbeiter in der Nähe?

Was wollten die Rechtsextremisten denn mit ihren Taten bewirken?

Es gab keine Bekennerschreiben, keine Initiative, um politisch für extremistische Positionen zu werben.

Und dann erschießen sie sich plötzlich, weil ein Polizist um die Ecke kommt?

In diesem Fall scheint es jedenfalls sehr viele Ungereimtheiten zu geben.

Trotzdem: Unmittelbar nach der Festnahme von Beate Zschäpe bestanden kaum Zweifel, dass sich Deutschland wieder zu schämen hat, weil der Rechtsextremismus immer noch „in der Gesellschaft" wütet.

So also funktionieren die Nebelbomben auch im politischen Alltag: Auf der einen Seite werden Straftaten relativiert, verdunkelt oder auf „soziale Benachteiligungen“ zurückgeführt, während in anderen Fällen schnell „alles klar“ zu sein scheint.

Auch auf außenpolitischem Gebiet bemerkt man selten die „Freiheit der Berichterstattung“:

Was für ein unhaltbarer, jedoch von allen Mainstreammedien verbreiteter Blödsinn war die Berichterstattung über den „arabischen Frühling“, die suggerierte, Demokratie und Rechtsstaatlichkeit seien in den islamischen Staaten unaufhaltsam auf dem Vormarsch.

Und selbst dem oben genannten Presserat war die Stimmungsmache gegen Russland zu viel, dem der Abschuss eines Zivilflugzeuges ohne konkrete Beweise angelastet wurde.

Der „Mainstream“ zieht sich inzwischen durch alle Bereiche, selbst den privaten.
So gehört es überall zum guten Ton in den Medien, „Toleranz“ einzufordern.
Der Titel der Serie „Bauer sucht Frau“ ist kaum noch korrekt, denn immer sucht auch eine (Quoten-)Lesbe die Bäuerin und der Bauer sucht den (Quoten-)Schwulen.
Das ist ja auch alles nicht schlimm, aber man bemerkt die politische Absicht dahinter, Meinung, in diesem Fall für sexuelle Minderheiten, zu machen.

Und plötzlich und unerwartet siegte dann auch Conchita Wurst im „Eurovision Song Contest“ und durfte selbst vor dem EU-Parlament für Abwechslung sorgen.

Auch die von Feministinnen und Genderistinnen verbreitete „Lehre“, dass es zwischen den Geschlechtern nur erziehungsbedingte Unterschiede gäbe, wird uns im Fernsehen immer wieder präsentiert.
Auch hier wird selten die „Nur“-Hausfrau und Mutter

gezeigt, sondern eher der Typ einer Frau, die (mindestens) alles so gut kann wie die männlichen Statisten und sich als coole „Tatort"-Kommissarin gegen die härtesten Kerle stellt, während ihr Kollege Schutz suchend hinter ihrem Rücken in Deckung geht.

Mit der Realität hat das nicht viel zu tun, aber es sollen politisch gewollte Rollenbilder geschaffen werden.

Zur Verwirklichung dieser Traumwelten werden dann Quoten und Förderprogramme eingeführt, überwacht von staatlichen Beauftragten für das Wohl der jeweils diskriminierten Minderheit.

„Wenn es nicht notwendig ist, ein Gesetz zu machen, dann ist es notwendig, kein Gesetz zu machen."

Charles de Secondat, französischer Staatstheoretiker

Hohlbratzen lieben Verbote

Weil die Hohlbratze sehr die Ordnung liebt, setzt sie sich natürlich auch massiv dafür ein, dass in der Gesellschaft alles geregelt ist.

Auch Du kennst sicherlich die empörten Leserbriefschreiber, die nach einem Unfall (beispielsweise wenn ein Hund ein Kind gebissen hat) sofort von jedem Dackel einen Wesenstest und von Hundehaltern einen „Führerschein" fordern, der möglichst amtlich abgenommen und vierteljährlich überprüft werden soll.

Zum Zwecke so einer Aktion könnte dann eine neue Behörde mit mindestens 100 „Wesenstestern" für Herrn / Frau und Hund gegründet werden.
Kosten spielen keine Rolle.

Die gemeine Hohlbratze fühlt sich einfach unsicher, wenn ihr niemand sagt, was sie zu tun hat. Daher ihr Drang nach möglichst umfassenden Regelungen für den Lauf der Welt.
Sie vertraut dem Gesetzgeber dabei völlig. Nur Richtlinien geben ihr Gewissheit und Sicherheit im Leben. Diese „Sicherheit" hat zwar ihren Preis, aber der Staat liebt andererseits auch Bürger, die von ihm Regelungen fordern. Denn damit kann er dann sowohl seine Existenzberechtigung unter Beweis stellen und gleichzeitig die Legitimation erhalten, immer umfangreicher das Leben seiner Bürger zu bestimmen.

In Deutschland und Europa ist die Regulierungswut der Gesetzgeber inzwischen kaum noch zu bremsen. Und die Kosten auch nicht.

Aber dafür gibt es dann für jeden Bürger auch Topflappen, die den EU-Sicherheitsrichtlinien entsprechen. Die sind auch dringend erforderlich, denn die Pfannen der Gesetzgeber glühen offenbar siedend heiß.

Wir haben ja schon erkannt: Gesetze und Verbote sind nur dann sinnvoll, wenn sie auch kontrolliert werden können. Da die Kontrolle aber viel Geld kostet, das IMMER der Bürger (also Du und ich) zahlen muss, sollte sich auch die Freude der Hohlbratze eher in Grenzen halten.

Es sollte der Grundsatz gelten, dass der Staat sich auf das unbedingt Nötige konzentrieren sollte.

Er ist dazu da, die Sicherheit seiner Bürger zu erhalten, nicht aber, jede Kleinigkeit bestimmen zu wollen.

Was hat es beispielsweise genützt, das Telefonieren im Auto zu verbieten? Im Feierabendverkehr sehen wir trotzdem ständig Fahrer mit ihren Handys herumfummeln.

Wer soll sie auch alle kontrollieren? Die Polizei? Als ob die nicht genug Aufgaben mit immer weniger Personal zu erledigen hätte!

Also was soll eine solche Vorschrift? Man kann nicht alles regeln. Sonst müsste es auch ausdrücklich verboten sein, im Auto zu rauchen, zu lesen oder zu essen.

Natürlich ist es gefährlich, während der Fahrt abgelenkt zu sein. Aber was nützt uns eine Vorschrift, die etwas verbietet, was nicht überwacht wird? Gar nichts! Es ist nur eine Erklärung auf dem Papier, die nichts bewirkt.

Ein altbewährter militärischer Grundsatz wird immer wieder missachtet:

„Wer alles schützen (regeln) will,
schützt (regelt) nichts!“

Foto: Strandpromenade Westerland, Aufdruck auf Holzgeländer

Aber Wahrheiten möchten Hohlbratzen gar nicht hören. Es reicht ihnen, wenn versichert wird, dass der Staat sich fürsorglich um alle ihre Belange kümmert.

Als Folge siehst Du den „Schutzmann auf der Straße" immer seltener. Es ist heute schon fast wahrscheinlicher, einem Leierkastenmann zu begegnen, obwohl es immer noch mehr Polizisten als Leierkastenmänner geben soll.

Das liegt nicht etwa daran, dass Polizisten keine Lust mehr haben, Streife zu gehen. Sie haben sich einfach um zu viele Dinge zu kümmern, die angeblich wichtiger sind.

Da gibt es „Umweltschutztrupps", die wegen neuer Umwelt-Strafgesetzgebung aktiv sind, z.B. um in illegal angelegten Müllhalden nach Hinweisen auf den Verursacher zu suchen.

Da werden Polizisten als Hilfslehrer eingesetzt, um den Kindern Verkehrsregeln beizubringen oder sie vor Rauschgiften zu warnen.
Oder sie nehmen an von der Politik installierten Senioren- oder Opfer-Gesprächsrunden teil, um den dortigen Meinungsaustausch zu befruchten.
Das nennt sich dann „Prävention“ und soll angeblich viel mehr Sicherheit produzieren, als die schnöde Polizeistreife.

Polizisten kümmern sich sogar um aus der Strafhaft entlassene Schwerverbrecher, um sie auf dem „rechten Weg“ zu halten.

Wo wir gerade bei Wegen sind: Auch um die Verkehrseinrichtungen dieses Weges hat sich die Polizei bei Begehungen zu kümmern.

Sie ist sogar mit der für sie wohl doch unlösbaren Aufgabe beschäftigt, das Internet von Straftaten frei zu halten. Fazit für alle regelungssüchtigen Hohlbratzen:
Weniger ist manchmal eben doch mehr.

Die Vielzahl von Regelungen macht es immer schwieriger, Prioritäten zu setzen. Wenn alles Mögliche verboten wird, weiß zuletzt niemand mehr, welche Verbote wirklich ENTSCHEIDEND sind, um eine Gesellschaft zusammen zu halten.
Dabei könnte uns der „Wertekatalog“ des Grundgesetzes doch eine vernünftige Grundlage geben.
Beispiel: Für Dich sollte es das Wichtigste sein, gesund und munter durchs Leben zu schreiten.
Es ist daher für den Staat unverzichtbar, die körperliche Unversehrtheit zu schützen.

Auf diesem Feld sollte es kein Pardon geben!

Foto: Wenn keiner entgegenkommt und die Polizei nicht kontrolliert, fahren die Radfahrer über die Brücke – trotz Verkehrszeichen. Muss wirklich alles geregelt sein? Gesunder Menschenverstand ist wichtiger als sture Regelungen. Was bewirken die Schilder?

Aber was stellen wir fest? Selbst Messerstecher werden nach ihrer Tat wieder auf freien Fuß gesetzt, zumindest, wenn das Opfer (glücklicherweise) den Angriff überlebt hat.

In derartigen Fällen darf sich der Staat nicht darauf berufen, nicht genügend Haftplätze zu haben. Dann hat er die Schwerpunkte falsch gesetzt, denn ohne Sicherheit sind andere Freiheitsrechte nichts wert.

Foto: Muss wirklich jeder Weg ein Verkehrszeichen haben?

Es ist leicht, Regelungen einzuführen, und Politiker sind stolz, wenn sie etwas „auf die Beine gestellt“ haben.

Mit manchen Vorschriften verbindet man sogar den „Schöpfer“ namentlich, wie z.B. Herrn Hartz. Er hat „Spuren hinterlassen“, aber sind diese Spuren für ihn rühmlich?

Die Abschaffung unsinniger Regelungen ist offenbar schwieriger!

Seit Jahrzehnten quälen sich die Deutschen mit der halbjährlichen Umstellung von Sommer- und Winterzeit herum, obwohl längst erkannt ist, wie unnütz die Regelung ist. Aber es gelingt unseren Politikern, die sich ja gerne mit Managern auf eine (Gehalts-)ebene stellen wollen, nicht, diesen Unsinn einfach wieder rückgängig zu machen.

Warten wir also weiterhin darauf.

Wir warten ja auch schon seit Ewigkeiten auf die immer mal wieder ins Spiel gebrachte Vereinfachung des Steuersystems.

Ich denke, wir werden noch ganz viel Zeit mit dem Umstellen unserer Uhren verbringen müssen.

„Was kümmert mich der Schiffbruch der Welt, ich weiß von nichts als meiner seligen Insel.“

Friedrich Hölderlin, deutscher Schriftsteller

Nichts in Frage stellen!

Du musst nicht versuchen, Hohlbratzen von realistischen Gedanken zu überzeugen.

Hohlbratzen schirmen sich erfolgreich gegen solche Versuche ab, um ihr festgelegtes Weltbild nicht durch Diskussionen mit “Andersartigen” zu gefährden.

Sie stimulieren sich gerne durch inhaltlich zu ihren Grundüberzeugungen passende Musik.

Sie leben ihren, die ganze Welt umfassenden, „peace-and-understanding-Traum“ und blenden dabei jeden Bezug zur Wirklichkeit aus, um nur nicht aufzuwachen.

In Extremfällen sieht man sie anscheinend völlig vergeistigt in passender Öko-Kleidung mit Kopfhörern durch belebte Straßen wippen.

Außer dieser isolierten Form der Selbsthypnose, die der Meditation oder dem Gebet ähnelt, gibt es als Sonderform die kollektive Hingabe an die „Idee des Guten“ unter Gleichgesinnten, wie man sie bei bestimmten Musikkonzerten sehen kann.

Ein Beispiel ist auch der „Zellentanz“, den man sich bei Eingabe dieses Suchbegriffes in verschiedenen Variationen bei YouTube anschauen kann.

Der Text dieser Musikdarbietung ist inhaltlich mit einem Satz erklärt:

„Alle Zellen meines Körpers sind glücklich!“

So führt die Hohlbratze oft ein scheinbar sorgenfreies Leben, obwohl sie selbst die Ursache vieler Probleme ist.

Hohlbratzen haben feste Standpunkte, die sie sich in ihrer Bezugsgruppe von Gleichgesinnten regelmäßig bestätigen lassen. Ihre Grundüberzeugungen weisen sie als gute Menschen aus.

Sie sind überzeugt, dass ihre Handlungen die Welt verbessern werden, egal, ob sie sich selbst als Veganer um manche kulinarischen Köstlichkeiten bringen, sich in menschliche Lichterketten einreihen, oder sich Kübel voll Eiswasser über die Köpfe kippen, um eine Krankheit zu bekämpfen, die bis dahin niemand kannte.

Ihre Standpunkte haben den Charakter strenger religiöser Glaubenssätze, die nicht hinterfragt werden dürfen. Selbst stichhaltige Argumente werden ignoriert. Die einzige Möglichkeit, die eine Hohlbratze von einem Denkfehler überzeugt, ist ein völliger Zusammenbruch ihres Glaubenssystems.

Du weiß ja sicherlich, wie schnell die überzeugten Anhänger nach der Niederlage des Nationalsozialismus im zweiten Weltkrieg oder dem Zusammenbruch der DDR „verschwunden" waren.

In beiden Fällen waren die bis dahin systemhörigen Hohlbratzen plötzlich gar nicht mehr so überzeugte Anhänger ihrer Ideologie, sondern vielmehr ganz schnell untergetaucht.

Man hätte meinen können, es habe sie nie gegeben.

„Zu viel des Guten ist auch schädlich."

Aus Ungarn

Sie sind bedingungslos gut

Vielleicht liegt es daran, dass sie eher gefühls- als verstandesbetont handeln? So haben Hohlbratzen oft ein ausgeprägtes Schuldgefühl, wenn sie erkennen, wie einfach ihr Leben ist – und wie schwer es dagegen beispielsweise Kinder in Entwicklungsländern haben.

Sie entwickeln dadurch das Bedürfnis, sich für die Unterdrückten in aller Welt einzusetzen.

Sie kämpfen in Deutschland für eine bessere „Willkommenskultur" für alle armen Einwanderer.

Foto: Eine Krankenkasse verordnet „Anti-Rassismus" im Eingangsbereich. Mit Schildern ist es allerdings nicht getan!

Falls sich diese Einwanderer aber nicht integrieren wollen, haben sie auch dafür höchstes Verständnis. Selbst Frauen, die als gesellschaftliche Fremdkörper in Burkas einheimische kleine Kinder verschrecken, sehen sie selbst dann als kulturelle Bereicherung an, wenn sich hin und wieder mal ein „Ehrenmord“ ereignet.

Foto: Verhüllte Gestalten auf dem Rückweg vom Supermarkt (der Einkaufswagen wird gleich nach Hause mitgenommen)

Die Hohlbratze zeigt gegenüber fremden Kulturen immer Verständnis, denn alle Kulturen seien (wie die Menschen) doch gleichwertig.

Dieselben Hohlbratzen, die solch eine kulturelle “Toleranz“ zeigen, sind natürlich auch ebenso tolerant gegenüber allen sexuellen und sonstigen Minderheiten.

Schwierig wird es für sie dann, wenn sie bemerken, dass Mitglieder mancher „bereichernden Kultur“ gar nicht tolerant gegenüber diesen sexuellen und sonstigen Minderheiten sind.

Nach anfänglicher Verwirrung wird die Hohlbratze vermutlich die unterschiedlichen Parteien zum Dialog auffordern und versuchen, als verständnisvolle Moderatorin aufzutreten.

Oft gehört sie aber auch zu den „Empörten“, die bedingungslos für jede „moralisch gute“ Sache eintreten und gegen jede Art erkannter Ungerechtigkeit kämpfen. Zumindest bekunden sie ihre Solidarität und versehen sich durch pastorales Auftreten mit einem Heiligenschein.

So wie sie sich im Zweifelsfall aus Schuldkomplexen heraus sogar gegen ihr eigenes Volk wenden wird, um ihr Mitgefühl mit den unterdrückten Nationen herauszustellen, so stellt sie sich auch gegen die Interessen ihrer eigenen Art, um Tiere und Natur gegen ihresgleichen zu schützen.

Dabei spielen Kosten keine Rolle. Die Hohlbratze erkennt nicht, dass die Ausgaben für derartige Projekte immer auch von ihr selbst bezahlt werden müssen (falls sie Teil der produktiven Gesellschaft sein sollte). Ihr reicht als Argument gegen eine wichtige Verkehrsverbindung, dass irgendeine unschuldige Kröte zu Schaden kommen könnte.

Die Hohlbratze liebt eben alle Wesen zutiefst.

Wenn sie in der Tagesschau sieht, dass sich ein ihr völlig unbekannter tibetischer Mönch öffentlich verbrannt hat, weint sie, als ob sie soeben vom Tod eines nahen Angehörigen erfahren hätte.

So bewiesen in Hessen ein paar edle Helfer höchste Hohlbratzenqualität: Sie übernahmen eine Bürgschaft für Flüchtlinge!

Jeder Normalbürger weiß, welches Risiko mit der Übernahme einer Bürgschaft verbunden ist. Wenn man jemanden sehr gut kennt – und sicher ist, dass er nach einer unverschuldeten Notlage alles tun würde, um wieder finanziell auf die Beine zu kommen, dann könnte man darüber nachdenken, eine Bürgschaft für ihn abzulegen.

Ein „grenzenloses“ Vertrauen ist bei Bürgschaften eher unangebracht, denn im Ernstfall muss man für den anderen zahlen. Aber der Beweis ist erbracht:

Dummheit kennt keine Grenzen!

So fanden sich „engagierte Bürger“ (so die WELT) bereit, Bürgschaften für Flüchtlinge zu übernehmen, damit diese nach Deutschland einreisen konnten. Obwohl man diese Personen gar nicht kannte, vertraute man ihnen.

So kam es, wie es kommen musste: Die Bereitschaft, für die Flüchtlinge aufzukommen, kostete viel Geld, denn auch nach dem Asylverfahren fanden sie keine Arbeit und lebten von Sozialleistungen.

Die Bürgen hatten damit gerechnet, dass die Allgemeinheit, sprich der Steuerzahler, nach Abschluss der Asylverfahren für diese Summen aufkommt. Aber das Sozialamt forderte die geleisteten Hilfen von den Bürgen zurück.

So kamen tausende Euro zusammen.

Die edlen Unterstützer sind entsetzt. Sie hätten gedacht, dass ihre Bürgschaft nach spätestens einem Jahr hätte auslaufen sollen.

„Sonst hätten wir das ja nicht gemacht“, äußerte sich einer der Bürgen, Mitglied der „Flüchtlingshilfe Mittelhessen“. Er fühle sich „vom Staat im Stich gelassen und veralbert“.

Natürlich hätte er es lieber gesehen, wenn seine weitere Sponsorentätigkeit auf dem Rücken der Allgemeinheit getragen worden wäre.

Aber die Bürgen müssen wohl weiterhin zahlen, denn das Bundesverwaltungsgericht entschied, dass deren Haftung auch nach Anerkennung des Flüchtlingsstatus bestehen bleibt.

Gute Taten kosten manchmal Geld.

„Nachahmung fremder Eigenschaften und Eigentümlichkeiten ist viel schimpflicher als das Tragen fremder Kleider; denn es ist das Urteil der eigenen Wertlosigkeit von sich selbst ausgesprochen."

Arthur Schopenhauer, deutscher Philosoph

Die Hohlbratze und Ausländer!

Hohlbratzen sind oft einem Schwarz-Weiß-Denken verhaftet.
Deshalb erkennst Du sie hin und wieder an zwei extremen Grundhaltungen, die sie Ausländern bzw. Anders-Farbigen gegenüber einnehmen:

Variante 1 (seltener, da gesellschaftlich geächtet)
Eine Hohlbratze hasst grundsätzlich jeden ihm nicht bekannten Ausländer oder Andersfarbigen, weil er eben anders ist als die Hohlbratze selbst, die sich für vollkommen hält. Es ist dabei völlig egal, ob der andere ebenfalls eine Hohlbratze, oder aber der Hohlbratze geistig weit überlegen ist.

Variante 2 (oft, da „politisch korrekt")

Eine Hohlbratze liebt jeden ihm nicht bekannten Ausländer oder Andersfarbigen, weil sie sich ihm überlegen fühlt und meint, man müsse jeden Benachteiligten herzlichst empfangen, selbst wenn dieser sich als undankbar erweist.

Der Hass-Hohlbratze (Variante 1) ist jeder suspekt, der anders ist als sie. Das liegt daran, dass die Hohlbratze sich selbst für nahezu vollkommen hält.
Sind die Unterschiede aus Sicht der Hohlbratze gravierend (andere Sprache und/oder Hautfarbe), fühlt sie sich bedroht und nimmt deshalb eine aggressive Grundhaltung dem anderen gegenüber ein.

Die liebende Hohlbratze (Variante 2) glaubt hingegen, in einer überlegenen Position zu sein.
Da sie selbst oft unter der Missachtung ihr geistig überlegener Mitmenschen leidet, sieht sie den anderen in einer vergleichbaren Lage.
In der politischen Rangliste der liebenden Hohlbratze steht der Kampf gegen Rassismus ganz oben. Zu Recht!
Du bist hoffentlich auch der Meinung, dass es ein grober Verstoß gegen die Menschlichkeit ist, jemanden aufgrund seiner Hautfarbe schlechter zu behandeln.

In meiner Jugend war das erst in der Schule ein Thema, denn in unserer Stadt hatte ich nie Kontakt zu Farbigen gehabt.
In meiner Schulzeit (1960er-Jahre) fand natürlich eine gründliche Aufarbeitung des „III. Reiches“ statt.
Es war Folge des verlorenen Krieges, dass sich der Geschichtsunterricht vorwiegend auf diese relativ kurze Zeit der deutschen Geschichte konzentrierte - und vorige Jahrhunderte mehr oder weniger am Rande behandelt wurden.

Niemand hatte Schwierigkeiten damit, die Lehre der Nationalsozialisten zu verurteilen, die die arische „Herrenrasse“ als allen anderen überlegen darstellte.
Ich bin überzeugt davon, dass Deutschland durch die breite, von den Siegermächten forcierte, Aufklärung zu einem Land geworden ist, in dem es weniger Rassismus gibt als in den meisten anderen Staaten.

Dunkelhäutige Menschen gab es, zumindest hier in Norddeutschland, kaum. So prägte mein Bild des Schwarzen ein Mann, auf den ich als Kind durch das Radio und später das Fernsehen aufmerksam geworden war. Auch Du kennst seinen Namen: Muhammad Ali.

Eine Persönlichkeit, die später das „bekannteste Gesicht der Welt“ wurde. Nicht zuletzt durch sein Vorbild fing ich mit dem Boxsport an.

Und durch die Beschäftigung mit diesem Sport stieg meine Bewunderung für die Schwarzen, die über lange Zeit das Schwergewichtsboxen beherrschten.

Was für fantastische Kämpfe hatten uns Floyd Patterson, Joe Frazier, George Foreman und ihre Gegner beschert!

Es schien, als hätten weiße Boxer gar keine Chance mehr. Dazu kam dann noch die einmalige Persönlichkeit und Charakterstärke von Ali, der mit seinem Kampf nicht nur gegen sportliche Gegner, sondern auch gegen Rassismus und Vietnamkrieg, weltweit höchste Anerkennung erwarb.

Dies nur als kleine Vorgeschichte zum „Problem“, das vor einigen Jahren - offensichtlich von Hohlbratzen -:in Umlauf gebracht wurde:

„Rassismusproblem“ Negerkuss

Sie meinten, man dürfe nicht mehr „Negerkuss“ sagen, weil der Name dieser Süßware rassistisch sei.

Seitdem sitzen wir bei uns auf der Dienststelle im Frühstücksraum – und sobald eine Packung dieser Dinger in der Mitte steht, spaltet sich die Frühstücksgemeinde regelmäßig in drei Lager:

- die „Politkorrekten“, die sofort die „Anti-Rassismus-Lehre“ aufgenommen haben und um einen „Schaumkuss“ bitten;
- die „Unkorrekten“, die sich der neuen Sprachregelung verweigern und den seit Jahrzehnten benutzten Begriff „Negerkuss“ weiterhin verwenden und
- die „Bekenntnislosen“, die den Namen gar nicht nennen, um sich ja nicht zu positionieren (wie immer, die „schweigende (feige) Mehrheit“).

Auch Du bist gezwungen, Dich jetzt irgendwo zu positionieren.

So haben es die politkorrekten Hohlbratzen tatsächlich geschafft, ein „Rassismusproblem“ zu erzeugen, dass uns bis dahin nicht bekannt war.
Ich muss auch zugeben, dass ich noch nie gemeinsam mit einem Schwarzen diese Küsse gegessen habe.

Meinst Du, dass uns diese Diskussion zu anderen, womöglich besseren Menschen gemacht hat?

Ich finde nicht. Gebracht hat die entstandene Diskussion eine unnatürliche Sprachhemmung. Man fühlte sich unwohl, obwohl lediglich ein „Problem“ geschaffen worden war, das gar nicht real existiert hatte.

Da die Oberlehrer der politischen Korrektheit nach und nach auch nach anderen Bereichen der Sprache schielen und diese umzuwandeln versuchen, habe ich mich dafür entschieden, trotz aller moralischer Bedenken weiterhin

„Negerkuss“ zu sagen.

Denn Du hast sicher gehört, dass heute schon Klassiker der Literatur von Hohlbratzen nach „verdächtigen“ Stellen durchsucht werden, die dem heutigen politischen Mainstreamdenken nicht entsprechen oder Sprachexperimente zu irrsinnigen Formulierungen wie „Herr Professorin“ oder „Proffx“ führen.

Nerven Dich nicht auch diese Politiker, die regelmäßig vor Mikrofonen krampfhaft versuchen, ihrer Sprache ständig beiden Geschlechtern anzupassen? Dieser Sprachstil, den sie ohnehin über lange Strecken nicht zweigeschlechtlich durchhalten können, verhunzt unsere Sprache völlig. Da die Geschlechtlichkeit ja noch mehrere Möglichkeiten offenhält (bei Facebook kann man mittlerweile unter dutzenden Geschlechtern wählen), wäre in Zukunft noch wesentlich mehr Sprachwirrwarr zu erwarten, um es jedermann/ -frau/ -sonstwas gerecht zu machen.

Ich hoffe, dass mir alle dunkelhäutigen oder sonst möglicherweise benachteiligten Menschen verzeihen werden, dass ich dieses Sprachdiktat ablehne.

Falls nicht, habe ich noch einen Vorschlag zur Güte, mit denen ich einerseits meinen Idolen huldigen und andererseits auf verschiedene Farbgebungen der oben genannten Süßwaren Rücksicht nehmen könnte:

Man könnte die ganz schwarzen Küsse „George“ nennen, da mein dunkelhäutigster Lieblings-Schwergewichtsweltmeister George Foreman ist.

Die braunen würde ich als „Ali“ bezeichnen, denn Muhammad Ali ist eindeutig hellhäutiger als „Big“ George.

Die weißen bekämen natürlich den Namen der deutschen Boxlegende „Max“ Schmeling.

Ein ernsteres Problem sehe ich allerdings noch immer darin, dass mir bislang weder gelbe noch rote Küsse begegnet sind.

Meinst Du nicht, das könnte eine versteckte Diskriminierung von Asiaten oder Indianern sein?

Neue Namen für Küsse?

P.S.: Unabhängig von der Farbe der Küsse erkennst Du auf dem letzten Foto deutlich, dass das Innenleben von „George" und „Max" (und natürlich auch von „Ali") nahezu identisch ist.

Vielleicht sollten wir uns auf diese Erkenntnis konzentrieren?

„Wollt ihr die Unterschiede vernichten, hütet euch, dass ihr nicht das Leben tötet."

Leopold von Ranke, Berliner Historiker

Hohlbratzentraum Gleichheit

Sind alle Menschen gleich? Nein, ganz sicher nicht!

Im Gegenteil: Alle sind verschieden, dabei ist die Hautfarbe nicht ausschlaggebend. Sieh Dir einfach Deine Nachbarn oder Kollegen an. Der eine ist ruhig, der andere aufbrausend.

Mit der netten Kollegin arbeitest Du lieber zusammen als mit der „Zicke". Jeder ist anders.

Es gibt viele Unterschiede zwischen den Menschen, beispielsweise das Geschlecht:

Vor der Geburt stellen sich die Eltern immer die gleiche Frage: „Junge oder Mädchen"?

Während es in unserem Kulturkreis den meisten relativ egal ist, ob sie eine Tochter oder einen Sohn in die Welt setzen („Hauptsache gesund"), gibt es Kulturen, in denen erst Jubel ausbricht, wenn ein Junge zur Welt kommt.

So gehen in unserer „multikulturellen" Nation die Meinungen über den „Wert" der Geschlechter völlig auseinander.

Die einen halten die Männer für die Krone der Schöpfung, andere meinen bei den Frauen besondere Eigenschaften zu erkennen, die Männern abgingen. Die dritte Sparte sind diejenigen, die behaupten, die Unterschiede der Geschlechter seien in erster Linie anerzogen worden.

Die VertreterInnen der radikaleren, letztgenannten Linie

fordern die gleiche „Teilhabe“ der Frauen am Arbeitsprozess und fordern Quotenregelungen, um „Benachteiligungen“ von Frauen zu vermeiden.

Allerdings beschränken sich diese „Quotenforderungen“ meist auf erstrebenswerte Positionen. Es ist offensichtlich, dass das Abgreifen von „Sahnehäubchen“ kein Schritt zur Gleichberechtigung ist, sondern eine Machtpolitik, genannt „Frauenförderung“.

Von Forderungen nach Quoten bei der Müllabfuhr wirst Du seltener etwas hören.

Dabei wird unterstellt, dass alle Frauen nach beruflicher Erfüllung streben sollten. Alleine der Negativbegriff „Nur-Hausfrau“ zeigt deutlich, das man das traditionelle Rollenbild der Geschlechter nicht akzeptiert.

Da ist es dann mit der sonst überall eingeforderten Toleranz nicht weit her. Frauen gehören in den Job!

Kein Wunder, wenn man liest, dass nur drei von 631 Bundestagsabgeordneten ihren Beruf mit „Hausfrau / -mann“ angegeben haben, der unter „Sonstiges“ auf der Webseite des Bundestages geführt wird (18. Deutscher Bundestag vom 22. Oktober 2013).

So findest Du dann auch oft unter den 36,5 % Frauen (230 Abgeordnete) nicht unbedingt einen repräsentativen Querschnitt der Bevölkerung (bei den Männern natürlich auch nicht), sondern oft den Typ „emanzipierte Karrierefrau“ mit herben Gesichtszügen und Doppelnamen.

Je „linkslastiger“ die Partei, desto höher liegt der Frauenanteil der Abgeordneten:

CDU/CSU: 78 von 311 Abgeordneten
SPD: 82 von 193 Abgeordneten
Grüne: 34 von 63 Abgeordneten
Linke: 36 von 64 Abgeordneten

Das scheint typisch für linkes Denken, das gleiche „Teilhabe“ für alle an allem propagiert.

Aber was hat uns dieses Denken gebracht? Eine Zwangsbeglückung!

Es sollen eben alle das Gleiche haben.

Aber warum solltest Du und Dein Kumpel je ein Steak und einen Salat essen, wenn Du als Fleischesser lieber zwei Steaks essen möchtest und Dein Kumpel, der Vegetarier, lieber einen größeren Salat hätte?

Warum müssen Frauen, deren Interesse an Politik schon immer nachweislich geringer war als das der Männer, trotzdem eine möglichst 50%ige Quote in der Politik haben?

Frauen sind bei lokalen Parteiversammlungen meist in der Minderheit, werden aber trotzdem gern (damit das Image der „Frauenförderung“ für die Partei erhöht wird) in Funktionen gewählt, obwohl es wahrscheinlich mehr Männer gäbe, die qualifizierter dafür wären. Das ist nämlich der Nachteil der bewusst eingesetzten Quotenpolitik:

Entweder man setzt eine Quote willkürlich fest. Dann wird starr danach entschieden, und die Qualifikation ist zweitrangig.

Oder man definiert einfach ein Anforderungsprofil, das der „benachteiligten“ Gruppe bessere Startchancen einräumt, jedoch auch nicht der objektiven Befähigung für ein spezielles Amt gerecht wird.

Beides kann kaum der Sache dienen und es ist wirklich nicht rühmlich, über eine Quote bevorteilt zu werden.

Deshalb sprechen sich leistungsstarke Frauen auch dagegen aus, denn sie wissen, dass sie durch Leistung überzeugen können – und wollen nicht als „Quotenfrau“ abgestempelt werden.

Die Hohlbratzen-Gleichmacherei von Mann und Frau hat für Deutschlands Zukunft fatale Folgen:

Die geförderte berufliche „Erfüllung“ der Frau führte zwangsläufig zu verlängerten Ausbildungszeiten und daraus folgend zu einer sehr spät einsetzenden

Familienplanung. Dadurch verschiebt sich die demografische Entwicklung und die Deutschen werden ein langsam aussterbendes Volk.
Der Jugend wird zugemutet, für eine immer zahlreicher und älter werdende Elterngeneration aufzukommen.

Die Wirtschaft hat es natürlich gefreut, durch die Frauen zusätzliches Arbeitspotenzial gewonnen zu haben.
Dadurch sanken die Löhne, so dass es heute mit einer normalen Arbeit für einen einzelnen Menschen (Mann) kaum möglich ist, eine Familie zu ernähren.

Die Kinder müssen dann, auch damit die Frau den beruflichen Anschluss nicht verpasst, immer früher in „Krippen" gegeben werden.
Sind diese Gesamtumstände wirklich dazu geeignet, der Gesellschaft mehr „Glück" zu geben? Es ist zu bezweifeln.

Gute Arbeitsstellen sind selten und daher versuchen junge Menschen im Wettstreit um diese Stellen eine immer bessere Ausbildung zu erreichen, die die arbeitenden Eltern auch noch zu finanzieren haben.
Jeder will studieren.
Ob man dadurch später Arbeit findet?

Wenn die Eltern sich das trotz zweier Arbeitsstellen nicht leisten können, bleiben die Kinder auf der Strecke. Mehrere Kinder sind ohnehin Luxus, den sich heute kaum noch jemand „leisten" kann.

Wer in dieser, aus wirtschaftlichen Gründen erzeugten „Streßgesellschaft" nicht mithalten kann, wird durch die immer höhere Steuern zahlende „Mittelschicht" auf „Hartz-IV-Niveau" aufgefangen.

Die „Gleichberechtigung" und „Frauenförderung" hat also bislang bestehende soziale Strukturen, die auf einer besonderen Förderung der Ehe (und Rollenteilung) beruhten, zerstört.

Erkennst Du daraus einen Vorteil für die Gesellschaft?

Warum die Berufstätigkeit, in der immer mehr Menschen unter „Burnout-Symptomen“ leiden, die Glückserfüllung für Frauen sein soll, ist auch nicht so einfach zu erklären.
Es ist eher ein kurzfristiger Schein-Erfolg für den Staat, dessen Nebenwirkungen schon deutlich erkennbar sind: Steigende Jugendkriminalität, hohe Scheidungsquoten und dadurch entstehende weitere Sozialfälle.

So ist es eben, wenn Hohlbratzen Politik machen. Gut gemeint ist nicht immer gut gemacht.
Die gutmeinenden Hohlbratzen brachten uns auch die ungesteuerte Zuwanderung in unsere Sozialsysteme. Im Gegensatz zur Annahme der Hohlbratzen haben die aus teilweise völlig fremden Kulturkreisen stammenden, durch Geldanreize angelockten Menschen keineswegs immer die Absicht, sich in das hier bestehende System einzuordnen.

Foto oben: Kontrast: „1-€-Jobber“ beseitigt Schmutz vor Wohnblock, zugewanderte Frauen sitzen zur Kinderbetreuung vor dem Haus

Sie schirmen sich im Gegenteil häufig in Ghettos ab und führen ihr gewohntes Leben dort ohne Integrationswillen fort, oft streng abgegrenzt von der heimischen Gesellschaft.

Dort leben sie nach gewohnten traditionellen Rollenbildern, die unsere Feministinnen so gerne überwunden hätten - und haben dementsprechend mehr Kinder.

Es ist klar, dass dies für die Zukunft unseres Landes (und die bislang freiheitliche Kultur) erhebliche Folgen haben wird.

Ist es nicht nett, nach der jahrelangen Freiheitsphase und FKK-Baden auch mal in einen „Burkini“ schlüpfen zu dürfen?

Foto: Erlaubte Badekleidung in Lübecker Schwimmhallen -

Für Männer höchstens knielange Badehosen, Frauen dürfen „Burkini“ tragen

„Die Sudler sollten ihre Dummheit an etwas anderm auslassen, als an der deutschen Sprache.“

Arthur Schopenhauer

Hohlbratzen ohne eigene Sprache

Irgendwie haben auch Hohlbratzen schon erkannt, dass die Kultur von Völkern erhaltenswert ist.

Zumindest stimmen sie mit den meisten Deutschen wohl darin überein, dass man die Ernährung der Amazonasindianer nicht unbedingt auf Colagetränke und Fast Food umstellen sollte.

Für die Freiheit der Tibeter wehten sie hier mit Fahnen, obwohl sich kaum alle Fahnenschwenker intensiv mit der Geschichte Tibets auseinandergesetzt haben dürften.

Auch aussterbende Bienenvölker oder die rückgängige Population mancher Wildtiere machen uns ernsthafte Sorgen. Soweit, so gut.

Manchmal findet es die Hohlbratze einfach „schick“, sich mit gewissen Themen zu beschäftigen, die dann ein paar Wochen später wieder vergessen sind (erinnerst Du Dich noch an die „Ice-Bucket-Challenge“?).

Was aber für Hohlbratzen anrüchig scheint, ist die Beschäftigung mit dem Erhalt der eigenen Kultur und Sprache in Deutschland.

Es muss erst der russische Präsident Putin im Bundestag erscheinen, um positive Dinge festzustellen:

„Wie ein guter westlicher Nachbar verkörperte Deutschland für Russen oft Europa, die europäische Kultur, das technische Denkvermögen und kaufmännisches Geschick. Nicht zufällig wurden früher alle Europäer in Russland Deutsche genannt, die europäische Siedlung in Moskau zum Beispiel

"deutscher Vorort". Natürlich war der kulturelle Einfluss beider Völker gegenseitig. Viele Generationen von Deutschen und Russen studierten und genießen auch heute Werke von Goethe, Dostojewskij und Leo Tolstoj.“

(Auszug einer Rede vom 25.09.2001)

Wir selbst sind im Westen nach dem Krieg natürlich ganz anders „sozialisiert“ worden – nämlich im Sinne der (meist englischsprachigen) Besatzer.

Die Wandlung erfolgte Schritt für Schritt.

In meiner frühesten Jugend wurden Musikstücke von US-Künstlern wie Gus Backus populär, der meist deutschsprachige Musikstücke mit amerikanischem Dialekt präsentierte, wie „Der Mann im Mond“, „Da sprach der alte Häuptling der Indianer“ oder „Rote Lippen soll man küssen“.

Hier fanden sich aber auch bereits erste Titel, die Deutsch und Englisch „kombinierten“:

„No Bier, no Wein, no Schnaps“
„Das ist very good“
„Beautiful Day, beautiful Sonnenschein“

Als dann vor über fünfzig Jahren die „Beatles“ in Hamburg ihren Durchbruch feiern konnten, war auch in Deutschland Englisch zur Musiksprache Nr. 1 geworden.
Die ersten Titel wie „Love me do“ oder „ I want to hold your hand“ waren textlich nicht allzu wichtig oder gar anspruchsvoll und der Musikrhythmus entscheidend.

Von diesem Zeitpunkt an setzten sich englische Titel auch international immer mehr durch. Der Nachteil bestand für viele darin, dass sich der Text nicht mehr erschloss.

Man fand die Musik zwar „irgendwie toll", aber hatte oft gar nicht den Hintergrund des Textes vorliegen.

Es ist schon Arbeit, anspruchsvolle Texte zunächst zu übersetzen, um dann das Lied erst verstehen zu können. Was nützt es beispielsweise, „Lucky Man" von Emerson, Lake & Palmer zu hören, wenn man den Text nicht versteht, der davor warnt, alles im Leben dem Besitz und Reichtum unterzuordnen? „The Park" von Uriah Heep ist eine Warnung vor Kriegen. Unverständlich für den, der mit dem Text nichts anfangen kann.

Seit der Grenzöffnung setzt sich der Siegeszug englischer Titel nun auch im Osten fort, wo das Problem des Textverständnisses aus geschichtlichen Gründen noch erheblich größer ist und jetzt mit dem im Westdeutschland der 60er-Jahre vergleichbar sein dürfte.

Mittlerweile wächst jedoch die Erkenntnis, dass Texte in der Muttersprache mehr Inhalt transportieren können.

Deshalb fordern einige Künstler schon Quoten für deutschsprachige Titel in Musiksendungen.

Foto: Der Autor im Hamburger Stadtpark 2001, gleich startet Jethro Tull den Titel „Locomotive Breath"

(im Hintergrund Ian Anderson)

Aber über Quoten hatten wir uns ja schon Gedanken gemacht. Warten wir lieber ab, was uns die deutschen „Charts“ in Zukunft liefern.
Vielleicht plant Heino ja schon seinen nächsten Coup?

Die deutsche Sprache hat immer noch eine Vielfalt an Ausdrucksmöglichkeiten, aber Hohlbratzen sind bereits dabei, falsches Deutsch als „Kiezsprache“, eine Art Dialekt, aufzuwerten.
Ähnliche „Sprachen“ in „urbanen Wohngebieten mit hohem Migrantenanteil“ seien auch in anderen europäischen Ländern entstanden.

Stimmt! Die „Kiezsprache“ ist nämlich durch türkischen und arabischen Spracheinfluss entstanden und hat deutlich reduzierte „Ausdrucksqualität“.

Aber eine „Professorin für Gegenwartssprache“ belehrt uns, dass „Kiezdeutsch“ kein Mangel sei, sondern die „Entwicklung einer neuen Sprache“.

Schön, diese neuen „Bereicherungen“ unserer doch so „altmodischen“ Sprache. Wir sollten uns vielleicht zum besseren Verständnis zum Volkshochschulkurs „Türkisch“ anmelden, um bald noch in Deutschland mitreden zu dürfen.

„Gehst du heute auch Döner?“
„Isch bin heute Schule!“

Na, dann viel Erfolg!

Warten wir auf den neuen großen deutschen Denker, der uns in diesem neuen „Dialekt“ geistige Anregung geben wird.

„O Freund, der Mensch ist nur ein Tor, stellt er sich Gott als seinesgleichen vor.“

Johann Wolfgang von Goethe

Hohlbratzen sind religiös

Nein, nicht im klassischen Sinne, dass sie unbedingt Mitglied einer Kirchengemeinde sind.

Im Gegenteil haben viele von ihnen Gott abgeschworen, weil Religion auch nicht unbedingt im gesellschaftlichen Trend liegt.

Die Hohlbratze glaubt vielmehr an sich selbst und ihren bedeutsamen und positiven Einfluss auf das Weltgeschehen. Auf der Suche nach dem Sinn des Lebens erkennt sie ihre herausragende Stellung im Universum und glaubt fest daran, den Durchblick zu haben, wie die Probleme der Menschheit weltweit zu lösen wären. Sie versucht daher, stets „das Gute“ zu tun, um durch ihren Einfluss wirksam zu werden.

Schlank, ja fast verhungert durch vegane Kost, sitzt die Hohlbratze dann behelmt auf ihrem Rad und zieht einen Lastanhänger hinter sich her, in dem sie ihre ökologisch wertvollen Kartoffeln und Möhren vom Bioladen für den Nachwuchs nach Hause bringt.

Da sie ihren Strom über Sonnenkollektoren erzeugt, hat sie kein allzu schlechtes Gewissen, wenn sie manchmal mit dem energieeffizienten PC im Internet surft.

Dort postet sie Bilder des Friedens und der grenzenlosen Verständigung bei Facebook, bevorzugt weiße Tauben oder aber Raubtiere, die mit ihren Opfertieren anscheinend harmonisch nebeneinander liegen und schmusen.

Auch Du erkennt beim Betrachten dieser Bilder auf Anhieb, dass Liebe zwischen allen Geschöpfen machbar ist.

Hohlbratzen sind die typischen Glaubensbrüder und -schwestern einer Margot Käßmann, die den Eindruck erweckt, als könne man Köpfe abtrennende IS-Islamisten dadurch stoppen, dass man ihnen die Gurgel möglichst weit entgegen streckt.

Gerne nehmen sie an psychologisch-geprägten Arbeitsgruppen oder Stuhlkreisen teil, in denen es zu einem Austausch innerhalb ihrer Spezies kommt, die sich sehr selten aus Berufen rekrutiert, die nahe an gesellschaftlichen Problemen arbeiten müssen.

Die Hohlbratze versucht immer, Probleme geistig zu durchdringen. In ihren Kreisen findet sie auch Gehör. Oft hat sie sogar einen höheren Schulabschluss durch Anpassung und Lernbereitschaft erworben, kann aber aus diesem Grund auch kaum über Lebenserfahrungen ausserhalb des Schulhofes berichten.

Stößt sie bei ihrer Argumentation auf berechtigte Gegenargumente, wird sie unsicher, hofft auf Unterstützung anderer Hohlbratzen oder versucht den anderen als inkompetent darzustellen. Gelingt das nicht, zieht sie sich beleidigt zurück.

Nach ihrer „guten“ Grundüberzeugung ist Böses immer nur eine gesellschaftliche Folge irgendwelcher Benachteiligungen, und deshalb kämpft die Hohlbratze für alle Benachteiligten und versucht, alle Menschen auf die gleiche Stufe zu bringen.

In Feministen-Zirkeln hängt sie dann gerne rosa und blaue Kärtchen an Tafeln, auf denen vermeintlich typisch männliche oder weibliche Eigenschaften skizziert werden. Die folgende Analyse erbringt dann das befürchtete Ergebnis, das letztlich kein Unterschied zwischen Mann und Frau bestehen kann, es sei denn, durch unterschiedliche Sozialisation.

Aber auch eine Hohlbratze wird durch Sozialisation geschaffen. Schon schreienden und trampelnden 2-jährigen Kindern versuchen die Eltern-Hohlbratzen „Vernunft“ beizubringen und durch sachliche

Argumentation auf sie einzuwirken, statt sie durch Zwangsmaßnahmen in die Gefahr einer frühkindlichen Neurose zu bringen.

So glauben diese Kinder dann später, dass auch alle anderen Menschen auf gutes Zureden und Argumente positiv reagieren müssten.

Verwundert stellen sie dann fest, dass Du und ich nicht die Zeit und Nerven haben, jedes kleine Problem mit ihnen zu diskutieren.

Kopfschüttelnd entfernen sie sich schließlich und genießen in ihrem durch einen hohen Zaun von der realen Welt abgeschirmten Ökohaus ihr Bionaden-Getränk, lesen die Süddeutsche Zeitung und philosophieren über Möglichkeiten, ihren Einfluss auf die Welt weiter zu vergrößern.

„Man verirrt sich nie so leicht, wie wenn man glaubt, den Weg zu kennen.“

Aus China

Hohlbratzen sind selbstbewusst

Zur Abwehr einer (fast immer gerechtfertigten) Kritik hat die gemeine Hohlbratze ein ausgeprägtes Ehrgefühl entwickelt, das sie für natürlich hält, da sie sich ihrer Ansicht nach immer auf der moralisch richtigen Seite der Weltanschauung befindet.

Wie ein fanatischer Religionsanhänger kämpft sie für das ihrer Meinung nach Richtige in der Welt und betrachtet Kritiker ihrer Thesen als Feinde, die ihre alternativlos guten Ansichten angreifen.

Diese Angriffe auf das geschlossene Weltbild der Hohlbratze können durchaus argumentativ überzeugend sein.

Da aber die Aufgabe ihrer Grundüberzeugungen für die Hohlbratze so unmöglich ist wie für Religionsfanatiker Kritik an von Gott gesandten Propheten, reagiert sie auf Kritik, der sie nichts entgegnen kann, mit beleidigter Miene oder auch echter Empörung.

Viele setzen sich beispielsweise für den Erhalt einer gesunden Umwelt ein. Sicherlich ist das ein Ziel, das uns allen am Herzen liegt.

Die Hohlbratze jedoch unterwirft sich gewissen Dogmen, die sie für unantastbar hält, wie z.B. den angeblich menschengemachten Klimawandel, der uns ihrer Ansicht nach alle vernichten wird.

Aus dem Glauben an diese These leitet sich natürlich direkt ab, dass sie sich selbst zu den Rettern der Menschheit rechnet, während alle Gegner dieser Theorie als bösartige Feinde eingestuft werden müssen.

Es ist klar, dass sie sich in moralischer Hinsicht auf einem Thron sitzen sieht, denn sie ist die Kämpferin für

Menschlichkeit und Menschheit.

Das rechtfertigt es allemal, Feinde ihrer Ansichten zu dämonisieren.

Natürlich engagiert sie sich deshalb auch in Verbänden und Parteien, die diese Dogmen vertreten. Die politische Stabilität einer Partei wie „Die Grünen“ ist durchaus dadurch zu erklären, dass sie Glaubensbrüder und -schwestern zusammenführt, die eine Art „politischer Religion“ ausüben.

Selbst wenn diese Politik unerwünschte Ergebnisse erzielt, wird man ihr die Treue halten, weil die Gemeinschaft der Gläubigen verschworen und auf Gedeih und Verderben gegen die „feindlichen Kräfte“ zusammenhalten muss.

Du erkennst hier den Kollektivgedanken der Hohlbratzen. Die sich gegenseitig bestätigende Masse der Gläubigen festigt die Ideologie.

Die eigene, „gute“ politische Gemeinschaftsreligion verschließt der Hohlbratze die Augen davor, dass aus genau diesem Herdenverhalten die größten Probleme der Menschheit entstanden sind.

Immer waren es die „hehren Ziele“ von Weltverbesserern, die Menschenmengen in Schafherden verwandelten und das Paradies auf Erden beschworen.

Der (National-)sozialismus, Kommunismus und Religionsfanatismus, die politische Ächtung Andersdenkender, „Fraktionsdisziplin“ oder „political correctness“ sind geeignete Werkzeuge, um Menschen in Hohlbratzen zu verwandeln.

Allen diesen „Werkzeugen“ ist eins gemein: Sie sind darauf gerichtet, Systemkritik und Dich, den freien, kritischen Menschen, zu unterdrücken.

Dieses Recht auf Kritik steht Dir aber zu.
Es ist ein Naturrecht, sozusagen göttlich.

Gott (wenn es ihn denn gibt) hätte uns nicht ein freies Denken ermöglicht, wenn er sich Hohlbratzen gewünscht hätte.

„Gerade wer den Frieden will, kann es nicht tatenlos hinnehmen, dass Rechtsbrecher und Diktatoren machen können, was sie wollen.“

Friedhelm Farthmann, deutscher Politiker (SPD)

Hohlbratzen sind brandgefährlich!

Der bedingungslose Glaube an das „Gute“ im Menschen ist das Markenzeichen der Hohlbratze.

Nicht umsonst entstammt sie oft einem gut situierten Elternhaus, in dem sie nach Strich und Faden verwöhnt wurde. Ihre Eltern hatten ein hohes Einkommen und zeigten ihren Erfolg auch dadurch, dass sie es den Kleinen an nichts fehlen ließen.

So verbrachte die Jungbratze ihre Jugend weitgehend sorgenfrei.

Selbst in der Schule konnte man durch „Arbeitsgruppen“ und ähnliche Gemeinschaftsprojekte den Zensurenschnitt erhöhen. Selten gab es noch die Lehrer, die bedingungslose Leistung verlangten. Die Zeit war „tolerant“ und es gab sogar Raucherecken für die Schüler.

Wenn man nicht zu sehr aneckte, war das ein recht entspanntes Leben. Und sehr viele Hohlbratzen blieben im Schulbetrieb, studierten und durchdrangen das Leben eher theoretisch.

Die Schule ist natürlich nicht der Ort, an dem man sehr viele Realitätserfahrungen macht. Aber wer gibt schon zu, dass er zwar einen guten Schulabschluss, aber vom Leben nichts begriffen hat?

Nach Abi und Studium wurde man dann auf die Menschheit losgelassen, wenn man die gefährliche Phase des Drogenmissbrauchs überstanden hatte.

In angemessen hoher Position blickte man dann auch mal auf andere herab, die eine viel schlechtere Ausgangsposition im Leben hatten und für wenig Geld viel härter arbeiten mussten.

Viele Hohlbratzen mit Charakter (und das meine ich jetzt nicht ironisch) erkannten, dass sie im Leben wirklich eine Glücksnummer gezogen hatten und entwickelten daraus ein schlechtes Gewissen, das sie fortan antrieb, für mehr Gleichheit der Menschen zu kämpfen.

Sie waren verwöhnte, dekadente Leute, denen es einfach „zu gut" ging.

Das bemerkten sie selbst und daraus entwickelten sich dann ein paar der typischen Hohlbratzen-Forderungen wie die nach Frieden, Harmonie und Liebe unter allen Menschen. Alle „künstlichen" Grenzen sollten eingerissen werden, denn wenn alle gleichermaßen am Wohlstand „partizipieren" könnten, würden sich alle lieb haben.

Natürlich gelangte diese Hohlbratzen-Elite auch irgendwann an die politische Macht, wo sie dann die Möglichkeit ergriff, ihre Theorien in die Praxis umzusetzen.

Sie lassen nicht locker, und bis heute versuchen sie (auf unsere Kosten), ihre Träume zu verwirklichen.

So reißen sie (unterstützt von der Wirtschaft, der die billigen Arbeitskräfte gelegen kommen) die Grenzzäune nieder. Dabei vergessen sie, dass Grenzen überall in der Natur existieren, und zwar nicht zum Spaß, sondern weil sie überlebenswichtig sind.

Jedes Tier sichert sein Revier, das ihm Schutz bietet und kämpft dafür unter Einsatz seines Lebens!

Nicht umsonst können Angriffe auf die Grenzen von Nationen Kriege auslösen. Die Selbstbestimmung eines Volkes hängt auch von der Sicherheit der Grenzen ab.

Anstatt diese - nicht nur wirtschaftlich - äusserst ernste Gefahr für unseren Staat zu sehen, öffnet man die Tore weit, in der Wunschvorstellung, dadurch Frieden und Harmonie unter den Menschen zu verbreiten.

Die aus anderen Welten und Krisengebieten kommenden Menschen werden wie von einem Vakuum in dieses „Land der Guten" gezogen, dass sie plötzlich in einer nie gekannten „Willkommenskultur" bereitwillig an allen ihren Schätzen teilhaben lässt.

Diese Menschen, die aus Bereichen der Welt kommen, in denen ihr Leben nicht „einen Pfifferling wert" war, wundern sich natürlich über dieses Schlaraffenland, das sie bedingungslos um- und versorgt.

Schnell bemerken Ankömmlinge, dass sie diesen Traum durch Aufstellen von Forderungen noch erweitern können.

Sie müssen völlig unglaublich über die Blödheit der Hohlbratzen staunen, denen sie durch die Missachtung von Gesetzen noch mehr Entgegenkommen entlocken können.

Da sich die Nachricht von der ausgeprägten Menschlichkeit der Hohlbratzen im Zeitalter des Internet natürlich blitzschnell verbreitet, wird die Sogwirkung erhöht. Es ist nur eine Frage der Zeit, bis die noch bestehenden Möglichkeiten zur Versorgung der Zuwanderer ausgeschöpft sind und der hier einmal bestehende Sozialstaat restlos beseitigt ist.

Das Hohlbratz-Bekenntnis zur Brüderlichkeit übersieht dabei auch, dass fundamentale Unterschiede in den Kulturen und der Religion zu unlösbaren Spannungen innerhalb der Gesellschaft führen werden.
Der Multi-Kulti-Wahn der Hohlbratzen zeigt deutlich deren Scheuklappen-Denken auf. Hohlbratzen wollen nicht sehen, dass verschiedene Kulturen teilweise inkompatible Lebensweisen mit sich bringen.

Die freie westliche Lebensweise läuft zwangsläufig den Grundsätzen streng religiöser Kulturen zuwider. Da eine Anpassung dieser Kulturen unmöglich ist, da sie der Überzeugung der durch den Glauben zusammengeschweißten und stark kontrollierten Gemeinschaft völlig entgegengesetzt ist, bleibt nur die Abgrenzung in Ghettos, wie wir sie heute überall erleben.

Siehst Du einen Ausweg aus dieser Lage? Weder wird der westliche Mensch mittelalterliche Riten akzeptieren, noch der streng religiös sozialisierte und von seiner Bezugsgruppe unter Druck stehende Zugewanderte die Idee westlicher Freiheitsrechte.

Die Idee der Hohlbratze ist nicht nur gescheitert, sondern lebensgefährlich für uns geworden.

„Wo Licht ist, ist auch Schatten.“

Johann Wolfgang von Goethe

Hohlbratzen sind Energiesparbirnen

Zumindest haben sie Ähnlichkeiten, denn es dauert eine ganze Weile, bis sie hell werden.

Das Problem der Hohlbratze ist, dass sie „irgendwie gut sein“ möchte. Das Gute tun, ist Sinn ihres Daseins und so gehen sie mit viel Begeisterung und Euphorie („alle meine Zellen sind glücklich...“) an ihre Lebensaufgabe.

Nüchterne Kosten-Nutzen-Analysen sind nicht ihr Ding. Das Wichtige ist ihr ungebremster Einsatz für Gerechtigkeit, „Nachhaltigkeit“ und andere „Menschheitsziele“.

Der unbedingte Glaube an ihre nicht vorhandene Kompetenz zur Lösung sämtlicher Menschheitsprobleme macht die Hohlbratze auch zur Gefahr für die Freiheit, denn neben ihrem Hang zur Selbstkasteiung durch Verzicht auf Kraftfahrzeuge, Energie, Fleisch oder Wasser fordert sie dies gelegentlich auch religiös-politkorrekt von anderen.

So wollte doch tatsächlich eine, inzwischen von vielen als „Verbotspartei“ bezeichnete Gruppierung einen „Veggie-Day“ (siehe auch Kapitel „Hohlbratzen ohne eigene Sprache“) FÜR ALLE ausrufen, obwohl durchaus Zweifel am Nutzen einer vegetarischen Ernährung angebracht sind.

Viele Projekte, die heute in der Diskussion stehen, lassen einen hohen „Hohlbratz-Faktor“ erkennen, nicht nur die Verbreitung der giftigen Energiesparlampen, die zwar etwas Energie einsparen, aber dafür ein schweres Gift(müll)problem verursachen, wenn sie zerspringen oder falsch entsorgt werden. So hat man mit viel Aufwand und dem Verbot der altbewährten Glühbirne eine relativ geringe

Energieeinsparung erzielt und gleichzeitig ein viel ernsteres, neues Problem geschaffen, die Quecksilberbelastung von Mülldeponien. Nach Schätzungen der „Deutschen Umwelthilfe“ landen ca. 90 Prozent der Lampen nämlich im Haus- statt im Sondermüll.

Statt sich jedoch an die eigene Hohlbratze zu fassen, schieben die Verantwortlichen die Schuld nun Handelsketten und Superdiscountern in die Schuhe, weil die keine gut sichtbaren Sammelboxen zur Rückgabe aufgestellt hätten.

Als ob sich dann jeder „Mitbürger“ an der Müllsammel und -trennorgie der Hohlbratzen beteiligen würde!

Ich möchte nicht wissen, was sich alles in den „gelben Säcken“ befindet! Mit hohen Kosten für uns alle wurde dieses „Hohlbratz-System“ eingeführt, denn durch den „grünen Punkt“ auf den Verpackungen kaufst auch Du die (meist minderwertigen) Müllsäcke und die Entsorgung mit, obwohl Du ohnehin schon hohe Abfallgebühren entrichten musst.

Dazu kommen dann „Müllkontrolleure“, die stichprobenartig Deine gelben Säcke auf den Inhalt prüfen - und natürlich jede Menge Fachliteratur, die Dir das Mülltrennungssystem erläutern soll.

Viele Jahre nach Einführung der Mülltrennung landen viele Säcke immer noch mit dem anderen Müll in der Verbrennung. Dafür hast Du viel Geld bezahlt und Zeit mit der Müllsortierung verbracht.

Eins von vielen, (vielleicht) gut gemeinten, aber schlecht gemachten Projekten.

Ein weites Feld für Hohlbratz-Politik ist natürlich auch die schon angesprochene „Frauenförderung“, die von Hundertschaften „beauftragter“ Frauen (zur Tarnung ihres verfassungswidrigen Auftrags werden sie „Gleichstellungsbeauftragte“ genannt) umgesetzt wird.

Alleine durch den Wegfall der Arbeitszeit, die diese, teilweise hauptamtlich beschäftigten Frauen für ihre

Mission benötigen, muss der Rest der Belegschaft natürlich mehr arbeiten (auch die Frauen).

Die Einheitsprägung Deiner Kinder sollte möglichst früh in der KiTa beginnen. Dort ist es am besten möglich, sie schon frühzeitig zu linientreuen Hohlbratzen umzuformen.

Angeblich benachteiligte Frauen sind inzwischen längst in politische Machtpositionen vorgerückt, sei es die Kanzlerin „Muddi" Merkel oder die Verteidigungsministerin von der Leyen, die man oft und gerne in Feldherrinnenpose vor ihren Panzern sieht.

Getreu dem (zweifelhaften) Motto „Frauen in den Kampf" sorgt sie sich in bester Hohlbratz-Manier um das Wohl der Kinder in Kasernen, um die Bundeswehr in ein „familienfreundliches Unternehmen" zu verwandeln.

Diese hochtrabenden Pläne wird sie eventuell etwas zurückstellen müssen, weil bekannt wurde, dass schwere Mängel in der Ausrüstung der Truppe bestehen und daher an der Einsatzfähigkeit des ganzen „Unternehmens" gezweifelt werden darf.

Man könnte aber darüber nachdenken, aus den defekten Panzern und Fluggeräten einen Abenteuerspielplatz zu bauen, getreu dem Motto: „Schwerter zu Pflugscharen!"

Auch im Kampf gegen den Individualverkehr scheinen Hohlbratzen noch nicht auf dem Erfolgweg zu sein. Die Gängelung der immer mehr Steuern zahlenden Autofahrer durch Umweltauflagen, Busspuren, Feinstaubzonen und absichtlichem Bereiten von Verkehrshindernissen hat augenscheinlich nicht viel geändert.
Im Gegenteil scheint der Trend zu immer größer dimensionierten Fahrzeugen („Stadtpanzern") anzuhalten, die Parkraum und Straßen immer mehr verstopfen, um meist eine einzelne (aber offenbar äußerst wichtige) Person zu ihrem Ziel zu bringen. Es sollen auch schon Hohlbratzen in diesen Gefährten gesichtet worden sein!

Aber die Hohlbratze gönnt nicht nur sich selbst etwas, denn sie ist ihrer Natur gemäß sehr sozial eingestellt.
Sie fordert daher sehr gerne auch allen Ernstes ein BEDINGUNGSLOSES Grundeinkommen für alle Bürger!
So soll neben der Wohltätigkeit für den Rest der Welt (siehe auch Kapitel „Hohlbratzen sind brandgefährlich") auch der deutsche Mitbürger sein garantiertes Einkommen haben. Und das allles „bedingungslos"!
Eine wirklich „gute" Idee, fast wie im Paradies. Ich sehe mich schon in der Hängematte liegen, obwohl ich gerade am Schreibtisch sitze.
Von meinem Fenster aus blicke ich bei dem wunderbaren Gedanken aus dem Fenster - und sehe wieder mal einen Rentner erfolglos in die Mülltonne blicken, in der keine Pfandflasche mehr liegt.
Immerhin, denke ich. Das Problem der Pfandflaschen scheint ja gelöst worden zu sein. Ungern erinnere ich mich dann aber an die langen Warteschlangen vor den oft defekten Flaschenrückgabeautomaten, die doch etwas an „DDR-Zeiten" erinnern.

Beim Blick auf meinen Gehaltszettel stelle ich mir dann doch die Frage, ob mir für die Vollversorgung der Nation mit dem „Grundeinkommen ohne Gegenleistung" wohl noch mehr Steuern abgezogen würden? In einigen Meldungen habe ich gelesen, dass heute schon ca. 70% des verdienten Geldes in den Molloch Staat fließen sollen. Das wird sich dann doch wohl noch weiter erhöhen, oder?
Ich denke, dann wird sich die Arbeit gar nicht mehr lohnen.
Ich werde dann wohl auch das Angebot des „bedingungslosen Grundeinkommens" annehmen! Irgendjemand wird das dann sicher finanzieren! Kein Problem!
Gut, dass wir unsere Hohlbratzen haben.

Und schön, dass sie sich auch um unser Privatleben kümmern wollen! Denn nicht nur die kulturelle, nein auch die sexuelle Vielfalt haben sie sich auf ihre bunten Fahnen geschrieben!

Es reicht ihnen nicht, dass schon in fast jeder Fernsehsendung ein „Conchita-Wurst-Verschnitt“ vermarktet wird. Auch Schüler sollen jetzt „sexuelle Toleranz“ lernen und werden mit der Pseudo-Wissenschaft eines „Gender-Mainstreaming“ zugemüllt - und das, obwohl die Schüler schon so immer hohlbratziger werden, wie die PISA-Studien nahelegen.

Foto: Ein SUV („Stadtpanzer“) passt zwar nicht in jede Parklücke, aber man braucht ihn einfach.

„Es ist so einfach, Tatkraft zu haben, und so schwierig, einen Tatsinn zu suchen! Das begreifen heute die wenigsten. Darum sehen die Tatmenschen wie Kegelspieler aus, die mit den Gebärden eines Napoleon imstande sind, neun hölzerne Dinger umzuwerfen."

Robert Musil, „Der Mann ohne Eigenschaften"

Neue Tätigkeitsfelder für Hohlbratzen

Schon das oben genannte „Gender-Mainstreaming" hat als Pseudowissenschaft vielen Hohlbratzen einen Aktivitätsschub verpasst.

So wurden die altbewährten „Ampelmännchen" teilweise durch „Ampelfrauen" ersetzt, um Dir als Fußgänger (oder wie man heute geschlechtsneutral eher sagt: den „zu Fuß Gehenden") eine quotengerechte Orientierung beim Überqueren von Straßen zu geben.

Die Gesetzgebung bietet der Hohlbratze allerdings noch jahrzehntelange Betätigungsmöglichkeiten.

Wo wir gerade bei den Ampeln waren: Es genügt ein Blick in die Straßenverkehrsordnung, um zu erkennen, dass sie als ernsthafte Bedrohung des politischen Systems angesehen werden muss!

Sie wurde offenbar nach den 68-er-Unruhen noch schnell von ein paar reaktionären Kräften beschlossen, denn was sich aus ihr ergibt, dürfte in Deutschland heute kaum noch durchsetzungsfähig sein:

So gibt es immer noch den Rechtsverkehr!

Ein wahrhafter Skandal, nachdem der von Bundeskanzler Schröder angeführte „Kampf der Anständigen" zum „Kampf gegen Rechts" mutierte.

Immerhin gelang es seitdem fortschrittlichen Kräften, das Rechtsfahrgebot in Innenstädten etwas zu lockern, indem die Wahl der Fahrspur freigestellt wurde.

Trotzdem fällt auf, dass der Autofahrer hierzulande immer noch, z.B. bei der Einordnung vor einem Kreisverkehr, zur rechten Spur tendiert. Ein bedenkliches Verhalten.

Foto: Ist das Verkehrszeichen „Rechts vorbei“ noch zeitgemäß?

Besonderer Handlungsbedarf entsteht natürlich durch die Vorfahrtsregel „Rechts vor Links“, die in der heutigen Zeit einfach nicht mehr hinnehmbar ist.

Dieses Relikt stammt nach Ansicht jeder Hohlbratze sicherlich aus der Zeit des Nationalsozialismus!

Sozialismus?
War das nicht irgendwie auch etwas „Linkes“?

Ach was, darüber wollen wir lieber nicht weiter reden!
Denn die Hohlbratze hat erkannt:
Tieferes Nachdenken ist eher „nicht hilfreich“.

Deshalb lässt sie es lieber sein.

„Was ist die Mehrheit? Mehrheit ist Unsinn; Verstand ist stets bei wen`gen nur gewesen."

Friedrich von Schiller, deutscher Dichter

Die Hohlbratze in der Demokratie

Manipuliert-kritiklos steht die Hohlbratze immer auf der Seite der Herrschenden und schafft es spielend, immer ihr „Fähnchen in den Wind" zu halten.

Sie ist der Mitläufer, die beharrend-träge Masse der „politisch-korrekten" Nachplapperer.
Gegenwärtig sieht man sie mit Regenbogenfahnen für eine bunte und tolerante Welt auf Anti-Pegida-Demos antreten.
Ihre vorgebliche Toleranz gilt jedoch nicht denen, die die Gegenmeinung vertreten.

Sie haben zwar schon etwas davon gehört, dass jeder Deutsche das Recht hat, friedlich zu demonstrieren, - selbst Pegida-Fans - aber wenn ihnen die etablierten Politiker und Medien sagen, dass dort die „rechte Mischpoke" und „Ausländerfeinde" agieren, dann lesen sie gar nicht erst die Leitsätze der Demonstranten oder prüfen Aussagen auf Wahrheitsgehalt, sondern handeln!

So beteiligen sich Hohlbratzen an der Verunglimpfung redlicher Bürger, ohne weiter nachzudenken.
Sie sehen dann ein „moralisches Recht" auf ihrer Seite, dass scheinbar sogar einen objektiven Rechtsbruch entschuldigt.
Als „letzte Meldung vor Redaktionsschluss" höre ich gerade passend zu diesem Thema, dass die Stadt Leipzig dem Pegida-Ableger „Legida" ein Demonstrationsverbot erteilt hat, weil die Polizei nicht mehr genügend Kräfte zur Verfügung hätte.

Die Gegendemos sollen aber angeblich genehmigt sein!

Wenn diese Argumentation Schule machen sollte, haben es bald irgendwelche hohlbratzigen Bürgermeister in der Hand, nach Gutdünken zu entscheiden, wer in Deutschland noch seine Meinung kundtun darf – und wer nicht.

Selbst der Vorsitzende der Deutschen Polizeigewerkschaft, Rainer Wendt, sprach von einer Kapitulation des Rechtsstaates.
Und genau so ist es!

Vor einigen Wochen postete ich bei Facebook einen kleinen Beitrag, der nicht ernst gemeint war, jedoch von einigen ernst genommen wurde.

Wenn ich aber die aktuelle Entwicklung betrachte, weiß ich auch nicht mehr genau, was wir noch alles zu erwarten haben, wenn es uns nicht gelingt, die Hohlbratzen unter Kontrolle zu bringen.

Zum Abschluss des Buches hier mein Facebook-Beitrag:

Die etablierten Parteien haben heute neben der routinemäßigen Diätenerhöhung ebenfalls einstimmig folgende Änderung des Artikel 8 des Grundgesetzes beschlossen:

Artikel 8 (alte Fassung):

Abs. 1:
Alle Deutschen haben das Recht, sich ohne Anmeldung oder Erlaubnis friedlich und ohne Waffen zu versammeln.

Artikel 8 (ab sofort gültige Fassung):

Abs. 1:
Grundsätzlich haben alle in Deutschland lebenden Personen das Recht, sich friedlich und ohne Waffen zu versammeln.

Abs. 2:
Derartige Versammlungen sind mit einer Frist von 30 Tagen vorher beim Bundesamt für Versammlungsfreiheit anzumelden.

Abs. 2a:
Das Bundesamt für Versammlungsfreiheit prüft innerhalb von sieben Werktagen nach Posteingang die Anmeldung nach vorgegebenen Kriterien und stuft diese folgendermaßen ein:

I. hilfreiche Versammlungen
II. weniger hilfreiche Versammlungen
III. nicht hilfreiche Versammlungen

Abs. 2a.I:
Hilfreiche Versammlungen wurden unmittelbar genehmigt.
Gleichzeitig werden sie den im Bundestagsverteiler aufgeführten Parteien, Verbänden, Kirchen und weiteren staatstragenden Institutionen mit der Bitte um Mobilisierung ihrer Mitglieder gemeldet.
Die örtlichen Presseorgane sind verpflichtet, ihren Leserinnen und Lesern die Teilnahme unter Bekanntgabe von Ort und Zeit zu empfehlen.

Abs. 2a.II:
Weniger hilfreiche Versammlungen können genehmigt werden.
Sie sind in festgelegten, dezentralen Arealen abzuhalten, die vom Bundesamt für Versammlungsfreiheit genehmigt sein müssen.
Den örtlichen Presseorganen ist es erlaubt, ihre Leserinnen und Lesern über eine derartige Veranstaltung zu informieren, um die Versammlungsfreiheit zu gewährleisten.
Die Information hat sich auf die nach Formblatt VF

vorgegebenen Informationsinhalte und Größe zu beschränken.

Abs. 2a.III:
Nicht hilfreiche Versammlungen sind unzulässig und werden vom Bundesamt für Versammlungsfreiheit verboten.
Gleichzeitig wird das Bundesamt für Verfassungsschutz informiert, um Anmelderinnen und Anmelder sowie ermittelte Unterstützerinnen und Unterstützer in die NHV-Datei des Bundesamtes für Versammlungsfreiheit aufzunehmen.

Abs. 3:
Personen dürfen nach Aufnahme in die NHV-Datei für fünf Jahre keine Veranstaltungen mehr anmelden. Nach Ablauf dieser Frist ist der Datensatz aus Gründen des Datenschutzes zu löschen.

Abs. 4:
Entscheidungen des Bundesamtes für Versammlungsfreiheit sind vom Rechtsweg ausgeschlossen.

Zur Beruhigung der Gemüter:
Die GG-Änderung ist noch nicht verabschiedet!
Und wir wollen hoffen, dass es so bleibt!

---ENDE---

Das war`s erstmal...

...bleiben wir in Kontakt!

Hier meine Erreichbarkeit:

eMail: Politikerring@gmail.com
Facebook: https://www.facebook.com/joachim.raeder
Twitter: https://twitter.com/JoachimRaeder
Webseite: http://www.joachim-raeder.de

18895876R00046

Printed in Poland
by Amazon Fulfillment
Poland Sp. z o.o., Wrocław